走させることができる仕組みです。実際にこのサービスを提供することで経営戦略と人材戦略の連動に課題を感じていた多くの大手企業を支援してきました。

本書では戦略を立案し実行するものの企業がなかなか前に進まないと葛藤を抱いている企業の経営層、事業部長、人事部長などへ向けて、事例を交えながら組織能力開発の重要性とそのノウハウを分かりやすく伝えていきます。組織能力開発によって変革を成し遂げ、貴社のさらなる成長につなげていただければ幸いです。

成果を出す企業に変わる　組織能力開発　目次

成果を出す企業に変わる

組織能力開発

土井 哲

DOI SATOSHI

幻冬舎MC

はじめに

いつの時代においても組織の価値を引き出すことが経営の要です。

戦後、多くの日本企業が社員を大切にし、長期雇用する日本的経営を実践して組織全体の価値を高めたことで、日本経済は急速な勢いで成長を続け、1968年にはアメリカに次ぐ国民総生産（GNP）世界第2位にまで上り詰めました。しかし、人口減少やデジタル化といった時代の変化につれて、かつて良しとされていた「終身雇用」や「年功序列」などに代表される日本的経営は行き詰まりを見せるようになりました。

こうした状況を受けて経済産業省は2022年5月に、「人的資本経営の実現に向けた検討会報告書～人材版伊藤レポート 2・0～」を公表しました。時代の変化に対応するためには人材を資本ととらえ、その価値を最大限に引き出す「人的資本経営」が重要だと述べられています。そして、この人的資本経営を実現するうえで、最も重要な視点として同レポートで指摘されたのが経営戦略と人材戦略の連動でした。

しかし、実際には多くの経営者にとって経営戦略と人材戦略を連動させるのは簡単なことではありません。2022年に企業が抱える人事課題や施策方針を明らかにするために、全国の企業のべ5200社を対象に行われた調査によると、「戦略人事の考え方や視点を持って取り組んでいるかどうか」という質問に対して、「取り組みたいができていない」と答えた人事担当者が半数以上の51・6％に上りました（日本の人事部『人事白書2022』）。ここでの「戦略人事」とは経営戦略と連動した人材戦略を策定・実行することを指しており、こうした調査結果から組織の価値を最大化させるための具体的な施策が不十分であることがうかがえます。

私は米国MITスローン経営大学院で経営学を学び、その後マッキンゼー・アンド・カンパニーに入社し、主に通信・ソフトウェア業界における情報システム構築のコンサルティングに従事しました。そして1997年には自らコンサルティング会社を設立し、企業がもつポテンシャルを最大限に引き出す「組織能力開発」のサービスを提供してきました。組織能力開発は組織のもつ能力を的確に把握し、組織全体を同じベクトルに向けて自

［第5章］【ステップ3　Transformation】

［第1章］

組織がもつポテンシャルを活かせていない大手企業

世界規模で見直されている企業価値

近年、金融市場だけでなく社会的にも、株主や顧客、取引先、従業員、地域に代表されるステークホルダー（利害関係者）から見てどれだけ魅力があるかを示す企業価値が注目されています。企業価値とは、会社全体がもっている経済、社会的な価値を意味する言葉です。企業価値を算定する方法は、資産からとらえるものや、将来的なキャッシュフロー、市場の評価を基準にするものなど数多く存在しますが、企業が安定して成長し続けるためには、企業価値を高めて、経済面だけでなく社会的に信頼される存在になることが不可欠な要素となっています。

こうした企業価値の考え方はさらに世界規模で見直しが進んでいます。気候変動などの自然環境の変化が取り沙汰され、また貧困などの社会課題への対応、ＳＤＧｓ（持続可能な開発目標）への対応などが注目されるようになっているためです。つまり、環境汚染や社会的規範、コーポレートガバナンスの遵守を重視した経営スタイルを目指すＥＳＧ（Environment：環境、Social：社会、Governance：企業統治）に世界全体がシフトし始めたのです。

ＥＳＧは２００６年に国連が発表した「責任投資原則（ＰＲＩ）」の条文で初めて用いられ、２００８年のリーマンショック以降、投資家が企業の長期的な存続を評価するための指標として注目し始めました。こうした環境と社会との関わりから企業価値を見直していこうという世界規模の動きに日本企業も取り残されるわけにはいきません。

経済産業省が２０１６年に設立した「持続的成長に向けた長期投資（ＥＳＧ・無形資産投資）研究会」の報告書（「伊藤レポート２・０」）において、企業価値を向上させるべき重要課題を指摘しています。

ここで日本企業が価値を高め、収益を継続的に生み出すためにまず重要だと指摘されたのは戦略投資です。中長期的に戦略投資を行うためには、投資家の理解も重要となりますが、米国企業などと異なり、資金調達を金融機関に依存してきた日本の場合、これまで企業と投資家の関係は必ずしも緊密とはいえませんでした。

そのため、投資家自体が企業の掲げる理念や価値観には目を向けず、短期的な財務数値だけを追い掛けて投資するイメージが先行してきたのです。また、企業側もステークホルダーとしての投資家を軽視してきた側面がありました。

私はメーカーやサービス業を中心にこれまで多くの大手企業に対してリーダー育成や経営方針の作成に関するコンサルティングにあたってきましたが、実際に同じ目標数値を何回も繰り返すような中期経営計画を掲げる企業を数多く見てきました。

例えば、私が支援したある会社では、中期経営計画として3年前に売上目標値を5000億円と示していましたが、実際には4000億円程度で、この目標値と実績が15年前からほとんど変わっていませんでした。中期経営計画を立てるのはすでに5回目で、「3年後に売上5000億円」という目標を1回目からずっと掲げ、一度も達成したことがなかったのです。

どのようにすれば目標を達成できるのか、目標達成への道筋がはっきりしない戦略なき「壮大なビジョン」を社員に示すことは、むしろ会社にとって有害です。もちろん、中期経営計画で3年後の目標値が設定されると、各事業部は目標達成のために事業部の具体的な計画を立てる必要があります。しかし、達成の見込みのない目標に沿って計画を立てても、現実的で具体的な戦略を導き出すことはできません。3年後の目標を設定したら、目標を達成するために、四半期ごと、1年ごとに見通しを出して計画を修正する必要がありますが、もともと達成の見込みのない計画なので、見通し作成や計画変更の作業は机上の空論です。これでは業績の向上にはつながらない無駄な作業を増やすだけになってしまっているのです。

日本企業が企業価値を見直していくために壮大で魅力的なビジョンを描いたとしても、実現できる戦略がなければ、非現実的な考えにとどまってしまいます。ビジョンを単なる妄想で終わらせないためには、ビジョンと戦略をセットで入念に構築し、投資家をはじめとするステークホルダーの信頼を得て企業価値を高めていくことが、今の日本企業にとって喫緊の課題でもあるのです。

日本の企業が変われないのは「組織開発」不足

私はこれまで急務の課題があることを分かっているのに一向に前へ進めない企業を数多く見た経験から、スピード感をもって改革に取り組めるような「組織開発」をしてこなかったことが、日本の企業が変われない原因の一つだと考えるようになりました。昔ながらの組織形態で各部署間の縦割り意識が残り、上層部と現場間は上意下達が重視される一方で実質的な意思疎通が十分にできていないことが多いように思うのです。

コロラド大学のドン・ウォリックは「組織開発とは、組織の健全性（health）、効果性（effectiveness）、自己革新力（self-renewing capabilities）を高めるために、組織を理解し、発展させ、変革していく、計画的で協働的な過程である」と定義しています。

組織が健全に機能しない状態では、戦略の実行に際して前向きなエネルギーが引き出せません。もちろん、戦略自体が適切でなければ組織は成果を生み出せません。外部環境による激しい変化のなかで、自己刷新を怠れば顧客に見捨てられ、競合他社に負けてしまうリスクもあります。

企業という組織が成長し続けるためには「健全性」「効果性」「自己革新力」の3つが重要だというウォリックの考えに私は強く同意するようになったのです。

高度成長期が終わりにさしかかった1979年、米ハーバード大学のエズラ・ヴォーゲル教授の『ジャパン・アズ・ナンバーワン ―アメリカへの教訓―』（TBSブリタニカ）がベストセラーとなりました。本の題名そのままに当時の日本経済は絶好調であり、安くて品質の良い製品を大量生産する日本型ビジネスモデルによって、電気製品、自動車産業をはじめとする多くの日本企業がシェアを伸ばし世界を席巻したのです。

日本企業の破竹の勢いは止まらず、三菱地所がニューヨーク一等地のロックフェラーセンターを、松下電器産業（現パナソニック）がＭＣＡ（現ＮＢＣユニバーサル）をそれぞれ買収するなど、米国資本にも手を伸ばすほどでした。しかし、１９９０年代初めにバブル経済が崩壊すると急速にその輝きは失われ、２０００年以降、液晶テレビ、太陽光パネル、リチウムイオン電池、ロジック半導体、ＤＲＡＭなど日本製品が次々と世界の市場から姿を消していきました。世界シェアを占めていた多くの産業で、10年も経たない間に中国、東南アジアなどの企業に追い抜かれてしまったのです。

この市場における競争力の低下はある日突然起こったわけではありません。どれだけ市場占有率が高くても、世の中の動き、特に顧客のニーズに合わせて変わっていかなければ競争優位性が失われるということを大企業の経営者も理解していたはずです。

例えば日本はＤＸ（デジタルトランスフォーメーション）の分野で、世界から大きく取り残されました。私が新規事業開発や新規顧客開発で支援してきた会社の経営層は、新興国企業の台頭や欧米の巻き返しという現実を見据え、経営主導でＤＸ推進のための改革策を打ち出していました。しかし、経営層の危機意識が実務を担う現場まで伝わらず、改革がまったく進まない状況が生まれているのです。

現場の社員が行動を起こさなければ、経営主導で始動しようとした改革も「絵に描いた餅」のまま前に進みません。

今の時代、企業は変革力をいかに高めていくかが問われています。ところが日本では多くの企業がこうした変化に迅速に対応していくことができないままになっているのが実情で、さまざまな社会問題に対して十分な策を打てずにいるように思えてなりません。見過ごされているのは、組織をなんとかしてより良い形に発展させ変革していこうとする組織開発への取り組みです。

日本企業全体が目先の売上や需給調整ばかりに気を取られ、縦割りやしがらみを生みやすい旧来の組織体制を改め、風通しを良くしていこうというソフト面での工夫が足りませんでした。時代の潮流と企業の実情に合わせて根本的な組織開発に取り組む視点が欠けていたことで、日本企業のもつ潜在能力を引き出せなくなっているのです。

組織がもつポテンシャルを活かせていない企業

日本では少子化により若者の数が減り続け、人材不足はどの会社でも深刻な問題であるため、優秀な人材確保は企業にとって大きな課題です。そこで多くの企業が自社を魅力のある会社だとPRしようと、働き方改革、ダイバーシティ、フレックスタイム制などさまざまな施策を次々に導入しています。

また、転職が当たり前になった現代社会では、離職率の高さも企業の頭を悩ませています。離職率を下げるため、社員に対するケアを充実させようとしているのですが、以前と違って、入社した会社が自分の人生を守ってくれるとは考えていません。正社員は終身雇用といっても、経営破綻して会社がなくなってしまう可能性もあれば、途中でリストラされる可能性もあります。自身のキャリアアップについて優先的に考えており、いくら会社が働きやすい環境を提供していても、自身のキャリアアップにつながらなければ、早々に見切りをつけます。逆に資格制度や海外派遣などを充実させ、人材育成に力を入れても、そうしたスキルを活かしてすぐに転職してしまうことも往々にしてあります。今人気を集めているのは、仕事がきつくても将来につながる経験やスキルを身につけることのできる会社、戦略が明確に示されていて将来性が感じられる会社なのです。

そうしてやっと獲得した若者を継続して雇用していても、戦力として十分な社員になってもらったり、新事業を任せるほどの人材になってもらったりするには時間を要します。つまり、これまでの事業に求められていたものとはまったく異なる能力をもつ人材が新たに求められるのです。そのため、社内にそのような能力をもつ人材がいない場合は社外から調達しなければいけません。

従来の日本が採用している雇用制度はメンバーシップ型雇用で、新卒を一括採用し、適性を見極めつつ組織内でいろいろな経験をさせて育てていくスタイルでした。ジョブ型雇用とは会社が定義した仕事内容に合致する人材を雇用することで、主に欧米の企業を中心に海外で普及しています。

ジョブ型雇用に移行し、今までの社内にはない能力をもつ人材を採用する場合、どのような成果を生み出してほしいのか明確に示す必要があります。この際必要になるのが職務記述書と呼ばれるもので、職務の名称、概要、主たる成果責任（アカウンタビリティ）、必要な知識、経験、コンピテンシー（行動特性）、価値観、マインドセット、そして報酬などが記載されたものです。これを作成することで、採用時に応募者は自分に何が求められているのかを正確に把握することができ、何を成すことでどれだけ報酬が得られるのかを知ることができます。

新型コロナウイルス感染の拡大で在宅勤務が一気に広まった際には、仕事のプロセス管理が難しいため、成果を基準とした評価方法に変更したいとジョブ型雇用に対する関心が一気に高まりました。しかし従来日本が採用してきたメンバーシップ型雇用は、成果を基準としていません。現場の実務担当者レベルでは派遣社員など非正規雇用の導入が進んでいるので、必要な知識、スキルなどを記載することができますが、日本の企業では管理職クラスになると職務範囲や必要なスキルなど具体的な記述がほとんどできない場合が多いのです。私がコンサルティングにあたった多くの企業でも、出席していた部長クラスのメンバーに「自身の成果責任について記述してください」と言っても、書けない人が少なからず存在しました。

必要な人材の職務を明確に示すことができないので、人事部は採用にあたっても、本当に求めている人材を探すことができません。また、採用できない場合は社内で育成することになりますが、求めている人材の知識、スキル、経験などが明確になっていなければ、育成の方向性も定まらないのです。組織は個人個人の集合体であるため、組織の能力は一人ひとりの社員に何ができるかに左右されます。事業開発、マネジメント、課題解決など、企業の成長に不可欠な人材を活かしきれなければ、組織全体がもつポテンシャルは十分に発揮できないのです。

組織力低下の原因は経営戦略と人材戦略のギャップ

日本の総人口の減少とともに労働人口も減少しつつありますが、OECD諸国のなかでも日本の労働生産性は加盟国38カ国中27位と低く、また研究開発への投資においても、日本企業の研究開発費は過去20年を通して横ばいで伸び悩んでおり、アメリカや中国との差が拡大しています（科学技術・学術政策研究所「科学技術指標2022統計集」）。さらに、経済産業省「経済産業省の取組（令和4年9月）」によれば、人材育成に関しても日本企業の人材投資額（OJT以外）は国内総生産比でわずか0・1%と、1~2%を推移する欧米諸国に比べてまだまだ低い状態です。国民一人が生み出す付加価値が低いのですから、賃金は伸びるはずもなく、男女間の賃金格差も大きいままです。

大量生産の時代には、工場や設備など固定資産を用いながら、高い品質の製品、サービスを提供できるよう、マニュアルに沿って同じことをミスなく繰り返しできる人材が重宝されました。しかし、ソフトウェアやデータを活用した産業への転換に伴い、組織の動き方の違いによって製品、サービスの売れ行きが大きく変わる時代になりました。さらに、IT革命やクラウド化により、多大なシステム開発投資は不要になりつつあり、メーカーでありながら、工場をもたずにアウトソーシングしたり、単純労働力はロボットやAIに置き換わったりしています。そんななか発表されたのが、「人材版伊藤レポート2・0」（2022年）だったのです。

このレポートでは、2020年の「人材版伊藤レポート」から引き続き各企業の経営陣に対して、「企業理念や存在意義（パーパス）、経営戦略を明確化した上で、経営戦略と連動した人材戦略を策定・実行すべきである」と提言されています。

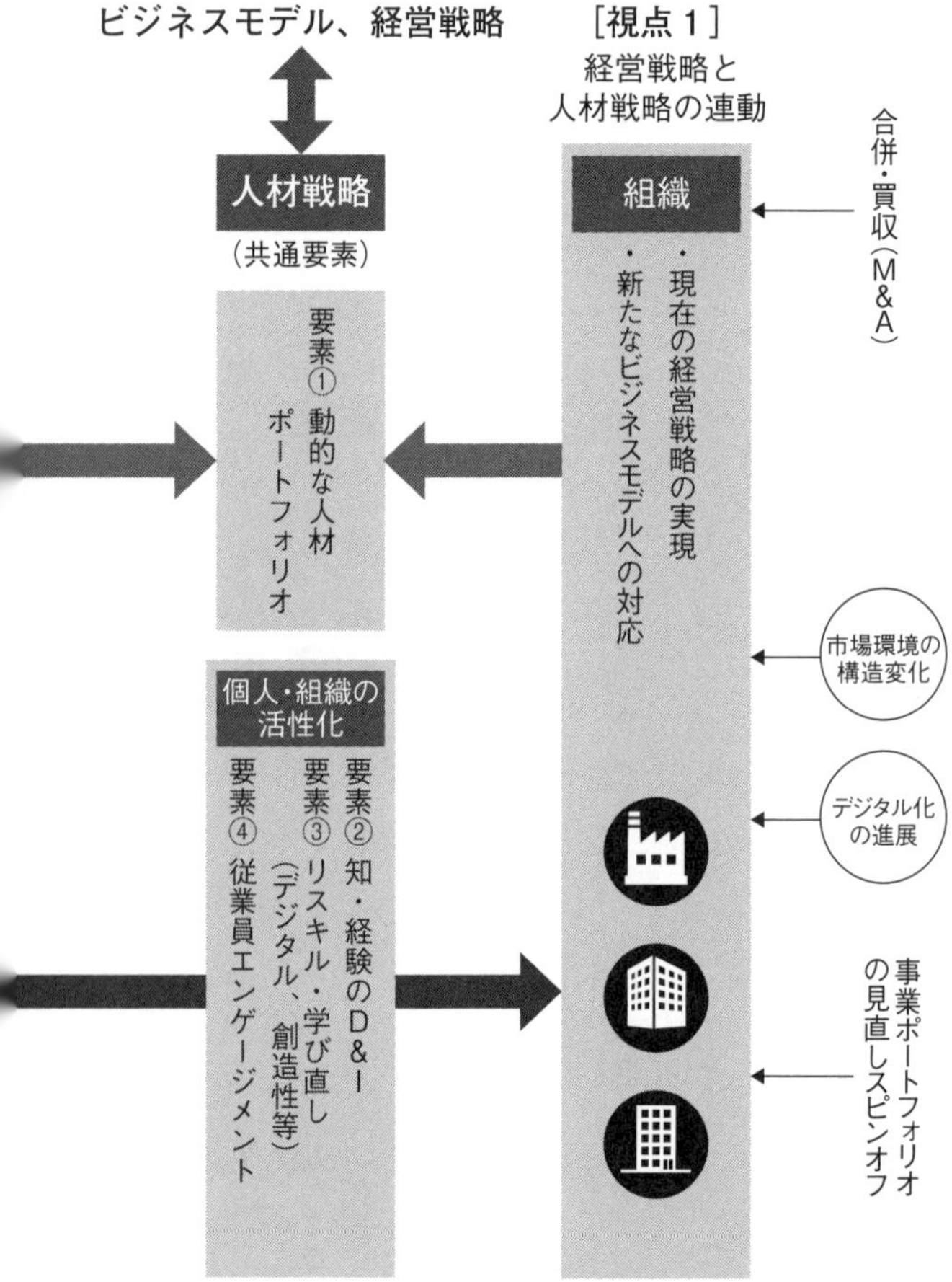

経済産業省「人材版伊藤レポート2.0」より改変

［図表1］ 人材版伊藤レポート2.0

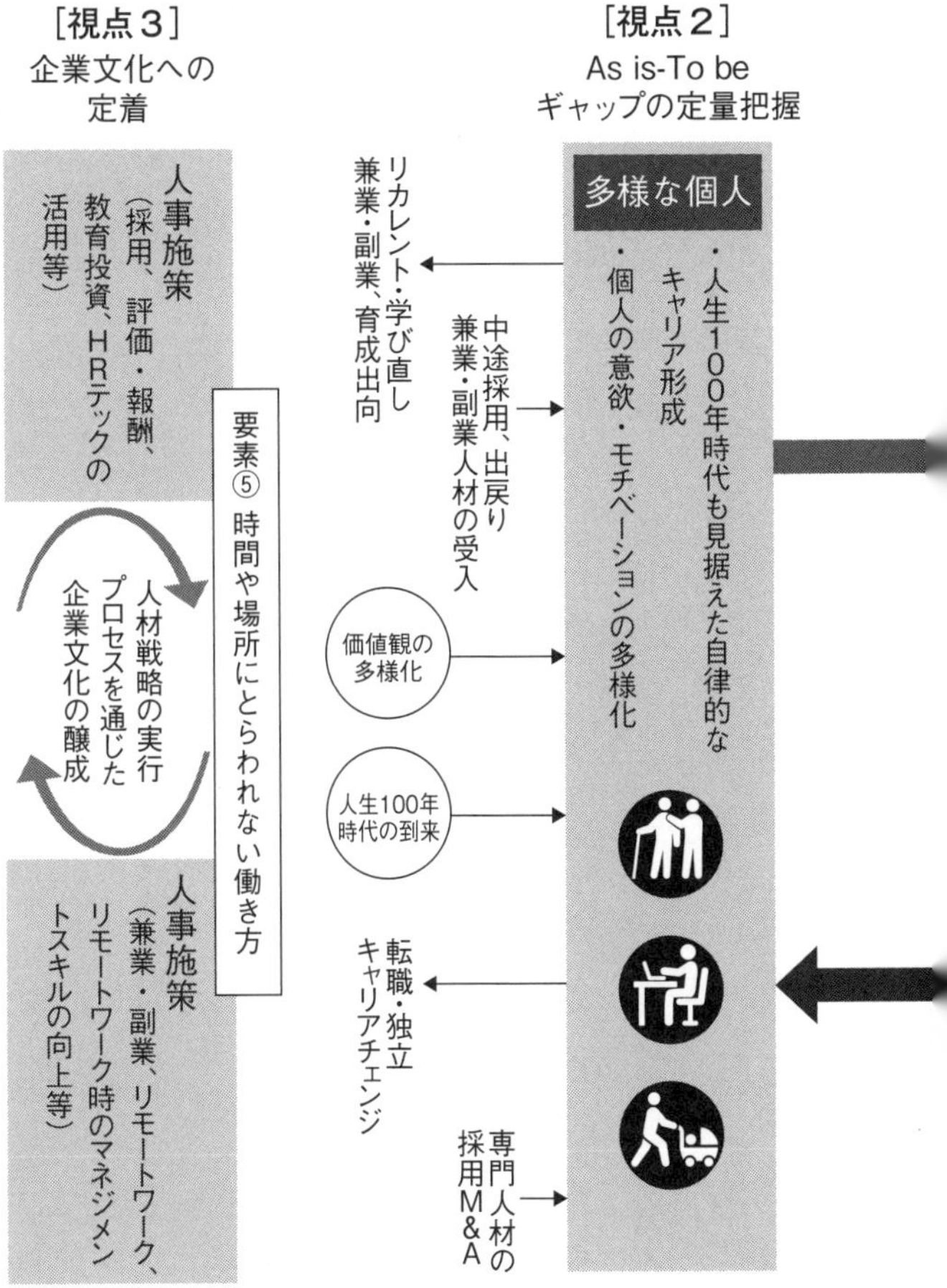
［視点3］
企業文化への定着
［視点2］
As is-To be ギャップの定量把握
人事施策（採用、評価・報酬、教育投資、HRテックの活用等）
人材戦略の実行プロセスを通じた企業文化の醸成
人事施策（兼業・副業、リモートワーク、リモートワーク時のマネジメントスキルの向上等）
要素⑤ 時間や場所にとらわれない働き方
リカレント・学び直し
兼業・副業、育成出向
中途採用、出戻り
兼業・副業人材の受入
価値観の多様化
人生100年時代の到来
転職・独立
キャリアチェンジ
専門人材の採用M&A
多様な個人
・人生100年時代も見据えた自律的なキャリア形成
・個人の意欲・モチベーションの多様化

図に示されているように、環境の変化やデジタル化の進展で、どの会社も現在の経営戦略をどのように実現していくのか、新たなビジネスモデルにどう対応していくのかという視点が求められています。一方、個人を眺めてみると、価値観は多様化し、人生100年時代で、働き方も昭和の時代のように一つの会社を勤め上げて一生を終えるというものではなくなっています。自分のキャリア形成にどう取り組むかが重要視され、企業で働くモチベーションをどのように保っていくかということが大きな課題になっているのです。

そしてこの多様な個人と組織をつなぐのが人材戦略ですが、これには①経営戦略と人材戦略の連動、②As is（現状）-To be（ありたい姿）ギャップの定量把握、そして③企業文化への定着といった3つの視点から俯瞰しなければなりません。

また戦略については、動的な人材ポートフォリオ、知識経験のダイバーシティ・インクルージョン、リスキル・学び直し、従業員エンゲージメント、時間や場所にとらわれない働き方といった5つの要素を含む必要があります。

つまり、各企業が自分たちの価値を高めていくためには、経営戦略に連動した人材戦略を、5つの要素に関して実行していき、新たな企業文化として定着させる必要があるということです。

しかし、5つの要素に対する人材戦略を具体的にどのように進めればいいのかということはこのレポートには記載されていません。少なくとも隣の会社がやっているからうちもやろうという考え方では効果が上がらないのは明らかです。

2018年に「働き方改革関連法」が成立後、順次施行され、サービス残業や長時間勤務、プライベートや健康も犠牲にした働き方を企業が放置するのはコンプライアンス上許されない時代になりました。

少子高齢化に伴う労働人口の減少や転職のハードルが下がっていることなどに対応し、優秀な人材を確保するため、各企業は「従業員のエンゲージメント向上」、すなわち従業員の会社や担当職務に対する愛着、貢献意識をより高めることに注力しています。残業を減らす取り組みはもちろん、在宅勤務、時短勤務やフレックス制度など、柔軟な勤務体系もかなりの企業で導入され、副業・兼業も認められてきています。人事部門は「従業員満足度調査」や「エンゲージメント調査」の結果を注視し、次々と働きやすさに関する対策を打ち出し、離職率を低下させようとしています。

従業員満足度やエンゲージメントの高さは、組織のパフォーマンスを向上させるための重要な要素です。しかし従業員に気をつかう「ケア中心」の施策によって「ゆるい職場」が出来上がり、離職率は下がったものの会社の業績は一向に改善しないという笑えない話をよく耳にします。在宅ワークで通勤時間を削減でき、仕事の効率が上がると思っても、コミュニケーション不足や業務の進捗の把握が難しくなり、生産性が下がってしまうこともあり得ます。

だからこそ、この経営と人事のギャップを埋めることが、組織全体のパフォーマンスを向上させ、企業価値を高めるために企業が取り組むべき最重要課題だといえるのです。

［第2章］

人材戦略と事業戦略を連動させ組織のポテンシャルを最大限に引き出す「組織能力開発」

経営戦略と事業戦略の違い

経営戦略と人材戦略を連動させるにあたり、整理しておくべき重要なことがあります。

単一の事業を行う企業の場合、経営戦略と事業戦略はほぼ同じになりますが、大企業の場合、性質の異なる複数の事業を営んでいることが珍しくありません。事業ごとに、ターゲット顧客を明確にし、どのような提供価値で差異化するかを考え実行に移していく。それが事業戦略です。

しかし、事業には一般的に寿命がありますので、会社全体の業績を継続的に伸ばしていくには事業の入れ替え、つまり事業ポートフォリオの組み替えが必須となります。会社全体として何を目指すのか、パーパスやビジョンを設定し、その実現に向けて事業ポートフォリオの組み替えを考えていくのが経営戦略です。

保有する事業の性質や、それぞれの事業戦略が異なる場合、求められる人材像も異なるのが当然です。事業戦略が求める人材像を明確にせずに、経営戦略からいきなり人材戦略を導こうとするのにはかなり無理があります。また、経営戦略は事業戦略よりも掲げる方

[図表 2]　戦略の体系

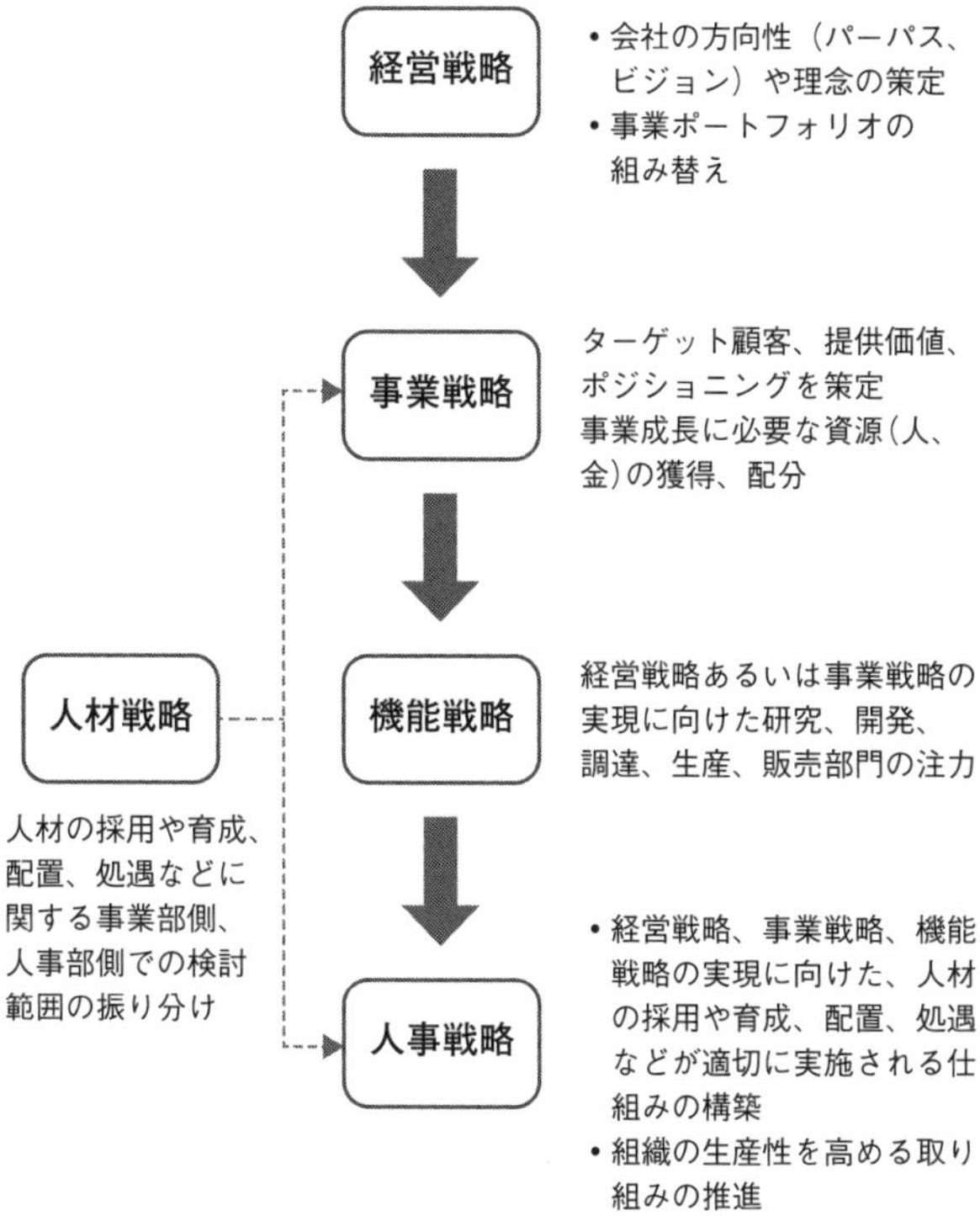
経営戦略
・会社の方向性（パーパス、ビジョン）や理念の策定
・事業ポートフォリオの組み替え
事業戦略
ターゲット顧客、提供価値、ポジショニングを策定
事業成長に必要な資源（人、金）の獲得、配分
機能戦略
経営戦略あるいは事業戦略の実現に向けた研究、開発、調達、生産、販売部門の注力
人事戦略
・経営戦略、事業戦略、機能戦略の実現に向けた、人材の採用や育成、配置、処遇などが適切に実施される仕組みの構築
・組織の生産性を高める取り組みの推進
人材戦略
人材の採用や育成、配置、処遇などに関する事業部側、人事部側での検討範囲の振り分け

針の抽象度が高くなっています。そこから導かれた人材像はどの事業にも当てはまる優秀人材のモデルになりがちです。そのような人材像を目指した採用、育成、配置、維持の計画は机上の空論となってしまいます。

事業に必要な人材の要件モデルの策定、募集、採用、育成、配置、処遇、代謝という人材のマネジメントサイクルに関して、事業部側と人事部側がそれぞれ検討する範囲をしっかりと定めることが極めて重要になります。これは、基本的には事業部側が主体的に決めるべきであると考えます。

経営戦略では会社全体の成長を目指して全社的な方針や経営理念を定め、事業ポートフォリオを継続的に組み替えます。そこから、それぞれの事業戦略に合わせた人材戦略を実現できるよう、各事業において人材戦略と事業戦略を連動させることが重要なのです。

「組織能力開発」の必要性

辞書によれば「能力（capability）」とは「物事をなし得る力。はたらき」のことだと示されています。そのため「組織能力」とは、企業全体や、企業内の各事業部などそれぞれの組織全体の「物事をなし得る力」ということになります。

また会社の組織には「××販売部」「○○生産部」「△△事業推進部」など各事業部、部署には名前がついていても、それらの組織の実体が目に見える形で存在しているわけではありません。

組織は示された目的に向けて協業する個人の集合体です。したがって、その組織の能力を構成する大きな要素は、組織に所属する個々人の能力ということになります。ビジネスにおいて能力は、行動や活動を通し顕在化されて初めてその価値が発揮されます。例えば、TOEIC900点の英語力をもっている社員がいても、得意先が国内企業に限られている部署ではその能力を発揮する機会はほとんどありません。社員のもつ能力に応じた人員配置がなされていて、個人の能力が組織の向かう方向にそろって顕在化することで組織能力は高まるのです。

しかし、組織能力の構成要素はそれだけではありません。例えば、高度に自動化された生産設備をもっていて、他社よりも圧倒的に安く製品を作ることができるとすれば、この生産設備も組織能力を発揮します。

また、製品の機能自体には他社と顕著な差が認められなくても、老舗としてのブランド力があれば、他社が数千円で売っているのと同じような革のカバンが、20万、30万円といった価格で売れるという事例もあります。こうしたブランド力も立派な組織能力の一つです。

このように会社がもつ有形・無形の資産は能力を発揮します。利益率が高く、手元に豊富なキャッシュがあることも組織能力の一つととらえることができます。キャッシュがあれば、M&Aで有望な会社や事業を買収する＝時間を買うことも可能だからです。

さらに、「カイゼン」で有名なトヨタが好例ですが、社員全員が常に問題を探し、問題解決に取り組むような企業文化、組織文化が育まれていて、問題が起こっても当たり前のように解決できるというのは、組織能力の究極的な姿であるといえます。

しかしながら、これらの有形・無形の資産を積み上げてきたのは人の活動であり、それらの資産が陳腐化することのないよう磨き続けているのも人の活動であることを考えると、結局のところ、組織能力とは、「組織の一人ひとりが行動や活動を通して発揮する力の総和」であると定義することができます。

日本の大企業は、顧客のニーズの変化に対応して将来のビジョンを立て、自らを変革していく力に欠けています。

今は外部環境による変化の激しい時代であり、企業が現在ある程度の組織能力をもっていて、十分な業績を上げることができていたとしても、顧客のニーズ、競合他社の動き、技術の進歩、従業員の考え方など、経営を取り巻く環境は常に変化しています。将来も引き続き組織能力を保ち、1年後も5年後も10年後も他社に対して競争優位性を保ち続けるためには、「自己革新によって、新たな戦略を効果的に実現する能力」が必要になるのです。このための一連の活動が「組織能力開発」です。

例えば、新たな市場へ販路を拡大する、環境変化のスピードに合わせ開発期間を短縮し新製品の投入頻度を増やす、製造工程のプロセスを刷新するなどのように、企業が今までとは異なる活動をして成果を上げるためには、新たな組織能力を開発する必要があるのです。

企業が成長していくためには、戦略・組織・人材という3つの要素が重要ですが、これまで事業戦略は事業部門が立てるものの、組織構造は経営企画が、人事制度は人事部門が考えるという会社が多かったと思います。３要素が連動しておらず、別々な方向を向いてしまっているケースを実際に私は多く見てきました。事業が伸ばせないのは人事が人材を与えてくれないからだと愚痴をこぼしながら、採用権限を得る交渉まではせずに、業績を伸ばせない言い訳を人事部門に押し付けている事業部長もいました。

このように、３つの要素の間にアラインメントが取れていない状態からアラインメントが取れている状態へ、組織を変革していくという思考の転換が、組織能力開発の重要な中身になります。アラインメントとは「並べて方向をそろえる」ことを意味します。

企業再生のスペシャリストとして有名な冨山和彦氏は、著書『コーポレート・トランスフォーメーション』（文藝春秋）のなかで、非常に興味深い記述をしています。

「（組織能力を無視して戦略を描いても、絵に描いた餅になるだけ。かといって、現在の組織能力に合わせて戦略を描くのでは競合他社に勝てない。筆者要約）結局、組織能力自体をもっとも重要な経営対象として、その可変性を大きくしない限り、持続的に競争優位性を保つことは難しい時代に入っているのだ」

この内容を読んだとき私もまさにそのとおりだと思いました。現在の組織能力は過去の戦略に沿って蓄積されたものであり、事業を変革していくためには組織能力の刷新が不可欠です。新しいことを始めるためには新しい組織能力を身につける必要があり、これこそがまさに組織能力開発なのです。

組織能力＝個人のベクトルの合力

他社よりも安く製品を作ることができる、製品に企業独自の付加価値をつけることができる、より多くのユーザーに届くようなプロモーション方法を確立できるなど、企業の組織能力が活かされた結果はさまざまあります。それを実現するよう考え、行動するのは人であり、すなわち社員です。これを踏まえると、組織能力は一人ひとりの力の総和であるといえます。図表3のように、Aさん、Bさんが行動や活動を通じて発揮する能力をベクトルの長さで表すとき、この2人からなる組織の能力は、2つのベクトルを合成した「合力」になります。

このときAさんとBさんのベクトルの向きが完全にそろっていれば、2人のベクトルの

[図表3]　AさんとBさんの組織能力の大きさ

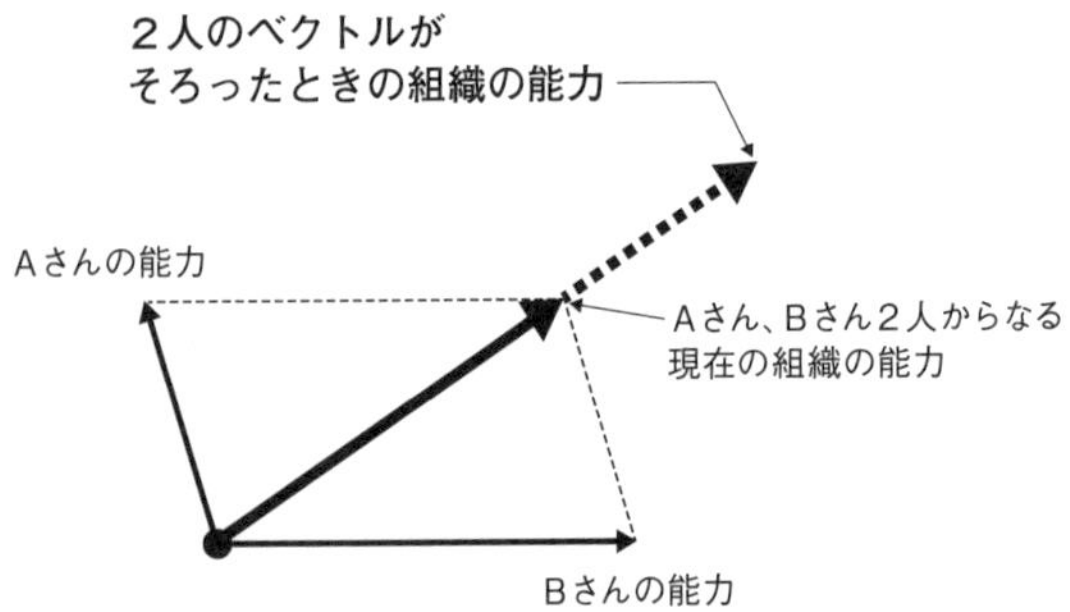

総和はAさんとBさんのベクトルの長さの合計になり、合力は最大化されます。しかし、AさんとBさんのベクトルの長さが変わらなくても、向かうベクトルの方向がずれていくと、合力は徐々に減ってしまいます。

つまり「組織能力＝ベクトルの合力」を最大化するには、組織の構成員一人ひとりのベクトルの向きをそろえる必要があるのです。

そのためにはパーパスやミッション、ビジョンなど企業の理念を言語化して組織の目的や進むべき方向性を明確にすることが大切です。さらに個人同士のベクトルの向きを阻害する要因を取り除くことも重要となります。

例えば、機能別の組織構成になっていて、組織ごとに目標を設定し、予算を組んでいるような場合、顧客への価値提供に向けて、開発、製造、販売一体となって活動しようとしても、目標管理制度や評価制度などが、活動の方向をそろえることを阻害しているという状況は企業内でよく見られる現象です。人事政策が働きやすさばかりに偏っていて、キャリアアップに必要な育成プログラムが示されていない状況も、人事部門と若手社員のベクトルがそろっていない状態だといえます。

さらに、ベクトルの一本一本を長くすることも組織能力を高めるうえでは重要です。効果的なトレーニングやリスキリングを行って一人ひとりの対応できる範囲を広げたり、エンゲージメント（成長意欲、貢献意欲）を高めたりすることで、もてる力を最大限に発揮してもらうことができれば、人数は同じでも組織として達成できることは広がります。

事業戦略の立て方と注意点

「組織能力＝ベクトルの合力」を最大化するための組織能力開発といってもなかなかイメージがつかみにくいと思います。図表４は組織能力開発の全体像を示したものです。

まず、「パーパス、ビジョン」を策定します。これは各企業が自身のありたい姿を言語化して示したもので、企業理念として設定している会社も多いと思います。

そのありたい姿に近づくための具体的な道筋が「戦略」で、複数の事業がある場合には事業ごとに目標を定め、どのようにそこに到達するのかを描いたストーリーが事業戦略です。この事業戦略がパーパスやビジョンに届くこと、すなわち差異化されている必要があります。この部分が明確になっておらず、他社と同様のものであったり、方向性がぼんやりしたものになっていたりすると、たとえ組織がしっかりしていたとしても、設定したパーパスやビジョンの実現に至ることは困難です。

有効な戦略を導き出すためには、外部環境（競合、顧客、社会の流れ）とともに自社を過去まで振り返り、現在の状況や未来の状況を洞察する時代分析やシナリオ分析が有効です。これらの分析を経て、誰をターゲット顧客としてどのような価値を提供するのか、自社の差異化の方向性を設定します。

［図表 4］　組織能力開発の全体像

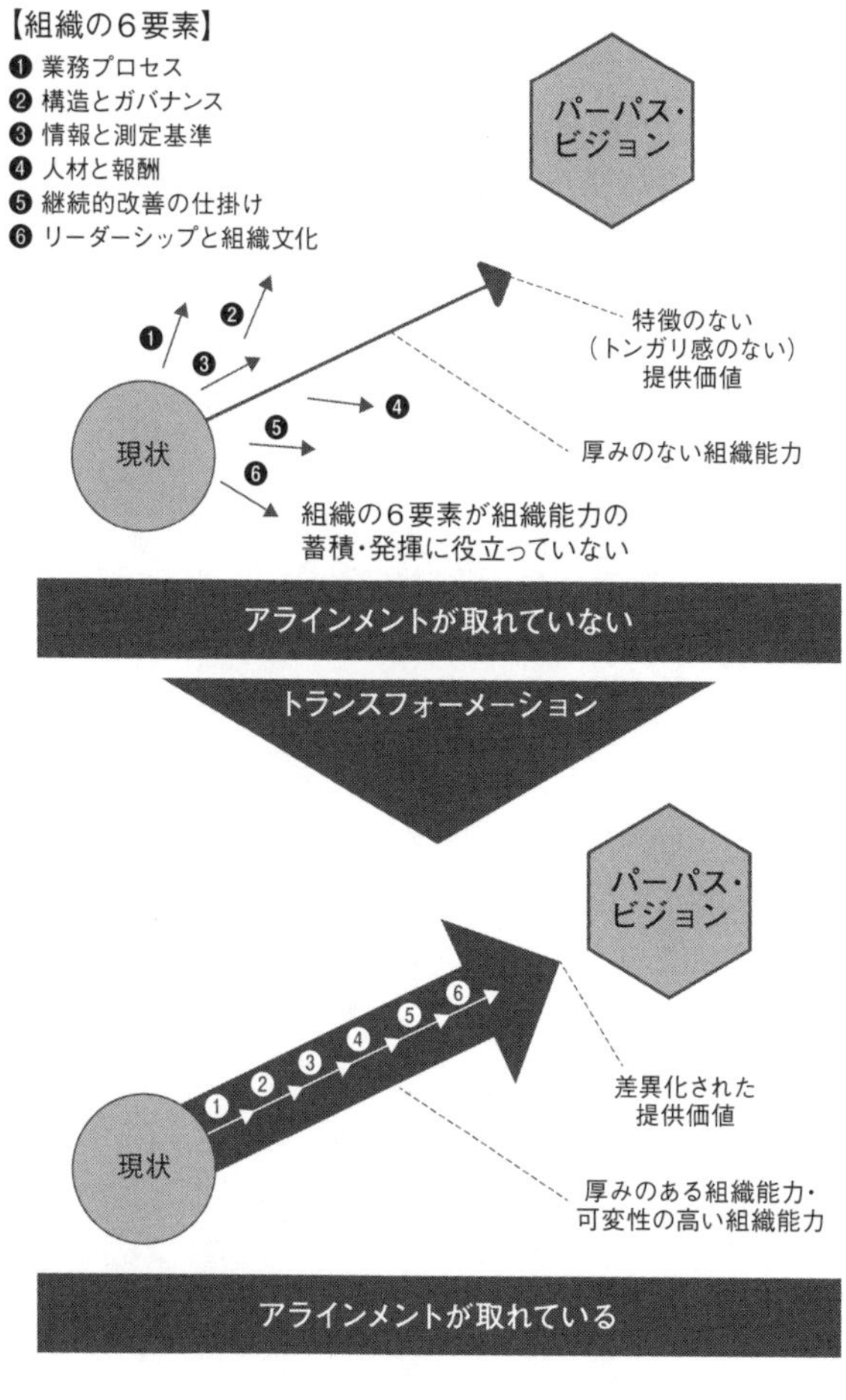
【組織の6要素】
❶ 業務プロセス
❷ 構造とガバナンス
❸ 情報と測定基準
❹ 人材と報酬
❺ 継続的改善の仕掛け
❻ リーダーシップと組織文化
パーパス・ビジョン
特徴のない（トンガリ感のない）提供価値
現状
厚みのない組織能力
組織の6要素が組織能力の蓄積・発揮に役立っていない
アラインメントが取れていない
トランスフォーメーション
パーパス・ビジョン
差異化された提供価値
現状
厚みのある組織能力・可変性の高い組織能力
アラインメントが取れている

活動システムマップ（CASM）をつくる

そしてこの戦略を実現するために必要となるのが組織能力とそれを発揮するための「活動」です。ターゲット顧客とそのターゲット顧客に対する提供価値が言語化できたら、自社独自の価値を顧客に提供するために行う一連の活動や、必要な組織能力を書き出すために活動システムマップ（Capability & Activity System Map、以後、「CASM」と呼びます）の作成に移っていきます。CASMの作成は新たな価値提供に必要な組織能力と活動を言語化・可視化する極めて重要な作業です。

戦略を打ち出したにもかかわらず、新たな活動を具体化していないため、いつまでも戦略が業績に反映されないままになってしまうのです。これから企業が行っていくべき活動の体系図を作成・共有し、実践することで組織能力に厚みが生まれます。

CASMを作成することで必要な活動が明確になるため、あとはその実行を促進する方向で組織構造のあり方や評価制度、人事制度などを設計していけばよいのです。一連の活動を促進する組織の諸要素を私は「組織の6要素（①業務プロセス、②構造とガバナンス、③情報と測定基準、④人材と報酬、⑤継続的改善の仕掛け、⑥リーダーシップと組織文化)」と呼んでいます。

これら6要素が土台としてそろって最適に配置され、戦略が求める組織能力＝一連の活動が日々行われている状態を、「アラインメントが取れている状態」と呼びます。アラインメントが取れた状態、すなわち個人と組織のベクトルの向きがそろった状態をつくり上げることが組織能力開発にとっては重要なのです。

パーパス、ミッション、ビジョン

組織能力開発を行うためには、まず、企業のありたい姿を言語化したパーパス、ミッション、ビジョンを適切に設定することが必要です。改めて、パーパス、ミッション、ビジョンとはそれぞれ何かについて整理していきます。

パーパスとは自社の存在目的を表すものです。自分たちが何のために存在するのか、何のために事業を行うのかを定義するものだといえます。パーパスは自分たちが存在し、活動することで、どのような社会課題を解決し世の中にどのような良い影響をもたらすのかを具体的に表明するものです。最近は企業理念にこの項目を設定する会社が増えてきました。その理由の一つが若者の存在です。Y世代、Z世代と世代を追うごとに社会における自分の存在意義を重視する人が増えているといわれています。これらの世代の意識の変化がパーパスへの注目度が高まっている要因の一つであると考えています。

私が携わったある研修のなかで、参加者から「ビジョンやミッションをつくれと言われると、なにかすごく立派なものにしなければいけないという堅苦しさを感じる。パーパスなら、より等身大で考えられるので気持ちが楽だ」というコメントが寄せられました。これは「押し付けられたものに従うのではなく、自分らしくいこう」ということであり、今日の若者の人生観とも通じる考え方だと感じると同時に、パーパスには会社の問題を「自分ゴトとして考えさせる効果がある」とも感じました。

ミッションは現在自分たちに課された「使命」、社会における役割のことで、「ビジョン」は自分たちが目指したい将来像になります。そのため「組織能力開発」においてはビジョンを適切に設定すること、社員に分かりやすい形で伝えることが重要です。

もし建築現場で働いていたとして、現場の作業監督者に「レンガを積んでください」と言われたときに、これがミッションだと納得すれば作業者は黙々と働きますが、ビジョンを示されていなければ何のためにレンガを積んでいるのかが分かりません。2人目の作業監督者に「壁を造るぞ」と言われたとすれば、「レンガを積もう」よりは少し将来像が見えましたが、どんな壁ができるのか、壁を造ってどうなるのかはやはり分かりません。3人目に現れた作業監督者からは「レンガを積んで大聖堂を造りましょう」と言われたとします。ここで作業者にはようやく、最終的に何を造ろうとしていたのかイメージが明確に伝わります。ここまで明確にビジョンが示されていれば、きっと作業者は一丸となって完成を目指そうとするはずです。

このようにビジョンを策定する際には、最終的な姿を明確に言語化することが非常に重要となります。明確なビジョンの策定がどれだけ大切であるかが分かる有名なエピソードがあります。

1960年代、冷戦時代の旧ソ連とアメリカは宇宙開発で競い合っていました。当初は旧ソ連のほうが一歩リードしており、1961年4月12日、旧ソ連のガガーリン少佐が初めての有人宇宙飛行を成功させます。アメリカは同じ年の5月5日、約1カ月遅れで有人宇宙飛行を成功させました。この1カ月の差が意味することは、このままいくと旧ソ連のほうが宇宙開発で優位に立ってしまうということです。アメリカはこれに対して非常に大きな危機感を抱きました。

このような時代背景のなか、当時のアメリカ大統領のJ・F・ケネディは「10年以内に人類を月に送る」というビジョンを掲げました。これによってNASAのエンジニアたちが奮い立ったそうです。そして見事に「10年以内に人類を月に送る」を達成し、1969年7月、アポロ11号は月面着陸に成功しました。これは明確なビジョンが人々を鼓舞して大きな目標を達成した非常にいい例の一つです。

ビジョンは大き過ぎると失敗する

ビジョンを掲げるという点で、戦略なき「壮大なビジョン」はむしろ有害だということを理解しておくことも重要です。ビジョンは企業が目指すべきありたい姿を描いたものです。言い換えれば、英語の「What」に該当します。一方、戦略はそこにたどり着くための方策なので、「How」になります。非常に壮大で魅力的なビジョンを描いたとしても、それを実現する戦略がなければ、結果的に机上の空論になってしまいます。そのためビジョンを単なる妄想で終わらせないためには、ビジョンと戦略をセットで構築する必要があります。言い換えると、ビジョンだけが立派でも意味がないということです。なかには壮大なビジョンを掲げることで、社員のモチベーションを高められると考えている経営者も多くいますが、ビジョンを実現するための具体的な戦略が伴っていなければ、むしろ社員を失望させ、モチベーションを下げることにつながります。

アメリカのアポロ計画の例についても、もしそのビジョンが壮大過ぎていたらどうなっていたか想像に難くありません。実は、ケネディ大統領は本当は「人類を火星に送る」というビジョンを打ち出したかったものの、側近に止められたという裏話もあります。その理由は実際に宇宙開発の技術者に相談したところ、10年以内に人類を火星に送ることは、技術的に無理であるというアドバイスがあったからだといいます。それを踏まえて「月ならどうか」と尋ねたところ「月ならなんとかなる」という回答を得て、ビジョンを月に変更したそうです。

　このように実現可能性が極めて低い、高過ぎるビジョンは組織全体に悪影響をもたらします。実現可能性をよく考えたうえで、その後の戦略と結び付けられるビジョンを組織全体に対して明確に示すことが重要なのです。

［第３章］

【ステップ１　Analysis】

利益成長率、顧客満足度、従業員エンゲージメント……「組織文化診断」で組織がもつポテンシャルを分析する

まずは船を置く位置を見定める

パーパスやビジョンの実現に向けて、どの企業でも経営者は全社レベルで、事業リーダーは事業レベルで戦略を立てています。しかし組織能力の議論に入る前に、まず確認すべきはその戦略が競争環境のなかで勝てる戦略となるのかどうかということです。

経営者や事業リーダーが戦略を考える際に行うべきことは、外部環境という川の流れを読み、どこに自分たちの船を置けばスーッと前に進んでいくのか、その適切な場所を見定めることです。

川の流れが速過ぎるところに船を置くと、船に負担がかかって壊れてしまう可能性がありますし、逆に澱《よど》みがあるところに船を置いてしまうと、いくら全員で力を合わせても、船が前に進まないという事態になります。

船を置く適切な場所を見定めるのに有効なのが、時代の流れを読む「時代分析」という手法です。時代分析では、まず過去、最近を振り返り、時代がどのように流れてきたのか、自社は何に流され今の場所にたどり着いたか、自社の強み・弱みは何かなどを把握します。そして次にこれから五年くらいを視野に入れたとき、世の中はどう変わるか、もしそう変わるとすれば顧客にはどのような変化が生じるか、顧客がそのように変化するとすれば、競合他社はどのような手を打ってくるか、あるいはどのような新規参入企業が考えられるかを予測します。

その考察に基づいて複数の可能性を視野に入れて未来を洞察し、そのうえでパーパスやビジョンを踏まえて、会社全体としてどのような事業ポートフォリオを組むのかを決定し、各事業部は、それぞれの事業領域においてターゲット顧客と提供価値を言語化するのです。

ハーバード・ビジネス・スクールのマイケル・ポーターは戦略を次のように定義しました。

「競争戦略の本質は『差異化』である。意図的にライバルとは異なる一連の活動を選んで、独自の価値を提供することだ」（マイケル・E・ポーター『[新訳]戦略の本質「何をすべきか」、そして「何をすべきでないか」』DIAMOND・ハーバード・ビジネス・レビュー　2011年6月号）

つまり自社の提供価値が競合他社の戦略と差異化されていなければ無意味だということ

です。これをいかに具体的に差別化した形で言語化することができるかによって、次に行う「組織能力」と「活動」に関する議論を、顧客や競合他社を意識した効果的で未来志向のものにできるのです。

差異化を図るための時代分析

戦略を考えるときによく使われるのは「空・雨・傘」という思考方法です。朝起きて、窓の外を見るといい天気だったという事実を確認すると、多くの人は今日一日雨が降らないだろうと予測して、傘を置いて出掛けるという行動を取ります。

戦略を考えるときもまったく同じです。傘を持っていくか置いていくかを決めるときには、今、晴れているのか、曇っているのかまず事実を確認する必要があります。ただし、今晴れているからといって夜までずっと晴れているかどうかは分かりません。夜まで家に戻らないのであれば今夜の天気を予測することが重要になります。

上空には雲が一つもなかったとしても、よく見ればビルの向こうに広がる西の空には雲がかかっている可能性もあります。傘を置いて出掛ける決断をする前に、今日は雨が降らないというのが、どの事実によって導かれたのかを明確にすることが大切です。この「空・雨・傘」の思考方法を実際のビジネスに当てはめたものが、時代分析という戦略の立て方です。

戦略はもともと戦争から出てきた言葉であり、敵の国をいかにして倒すかという目的で組み立てられるので、自国と敵国の2つを考えることが重要です。孫子の説くところの彼を知り己を知れば百戦殆《あやう》からず、です。これはビジネスにおいては自社と競合他社になります。

ただし、ここで重要となるのは、ビジネスではさらにもう一人登場人物がいることです。それが「顧客」の存在です。ビジネスではどうしても自社と競合他社が顧客を取り合うという関係性になります。自社は「Company」競合他社は「Competitor」、顧客が「Customer」ですので、これら3つの頭文字を取って「3C分析」と呼ばれる市場における事実認識のフレームワークがあります。

3Cは世の中の動きとともに変動するため、世の中と自社、競合他社と顧客を縦軸に配置します。戦略を考えるときには、この4つを常に同時に考えていく必要があるのです。

例えば顧客だけを見て、言われたことだけをやっていても、いつの間にか競合他社がもっと魅力的な提案をしてくれれば、顧客の関心はそちらに向いてしまい相手にされなくなってしまいます。

また競合他社のことばかり意識して、目先のライバルと躍起になって新商品の開発競争をしていると、いつの間にか商品が顧客のニーズからかけ離れていき、そこに新たな競合他社が出現して顧客を奪っていく可能性もあります。

顧客のニーズに応えて競合他社にも勝てるすばらしいものを作りたいと考えていても、自社に技術力や経営資源がなければ実現できません。そのため戦略を考えるときには世の中の動きに合わせて3Cをバランスよく考えることが基本なのです。

時代分析で因果関係を分析する

さらに時代分析では横軸に時間軸を取ります。そして現在はちょうど「最近」と「今後」の境目に位置していると考えて過去を振り返り、会社の方針が大きく変わった時期を

[図表5] 時代分析のフレームワーク

	それ以前	最 近	今 後
自 社 方針、事業ポートフォリオ、製品群、展開地域、ターゲット顧客、提供価値など			
競 合 競合の戦略、競合の強み／特長、新規参入／撤退の動向など			
顧 客 実現したいこと、抱えている課題、ペイン、ゲイン、ニーズ			
世の中 一般生活者の動向、ライフスタイルの変化、価値観、購買行動の変化、人口動態、PESTELなど			

「それ以前」と「最近」の間に設定します。

このように時間軸で時代を3つに分けて、事実を整理していくのが時代分析と呼ばれるフレームワークです。つまり、世の中の動きまで空間的な視野を広げて3C分析を行い、さらに過去、現在、今後という時間的な視野も追加したうえで、今後の自社の戦略を考えていくのです。

進め方としては、まず「空・雨・傘」の空の部分、「それ以前」の時代に実際に何があったかという事実を振り返って、世の中の動き、その当時の顧客、競合他社、そして自社が何をやってきたのかについて書き出してみます。ひととおり書き出し終わったら「最近」についても同様に書き出します。左の2列が埋まったら、書き出した事実同士の因果関係を矢印で結んでいきます。例えば顧客のニーズに応えて、競合他社が××という製品を売り出した、あるいは自社の出した製品をまねて競合他社が同じような製品を販売して販路を拡大したなど、事実同士の関係性を線で結ぶと自社や競合他社がどんな力によって動かされてきたのかが見えてきます。

［図表6］ 時代分析　事実同士の因果関係を矢印で結ぶ

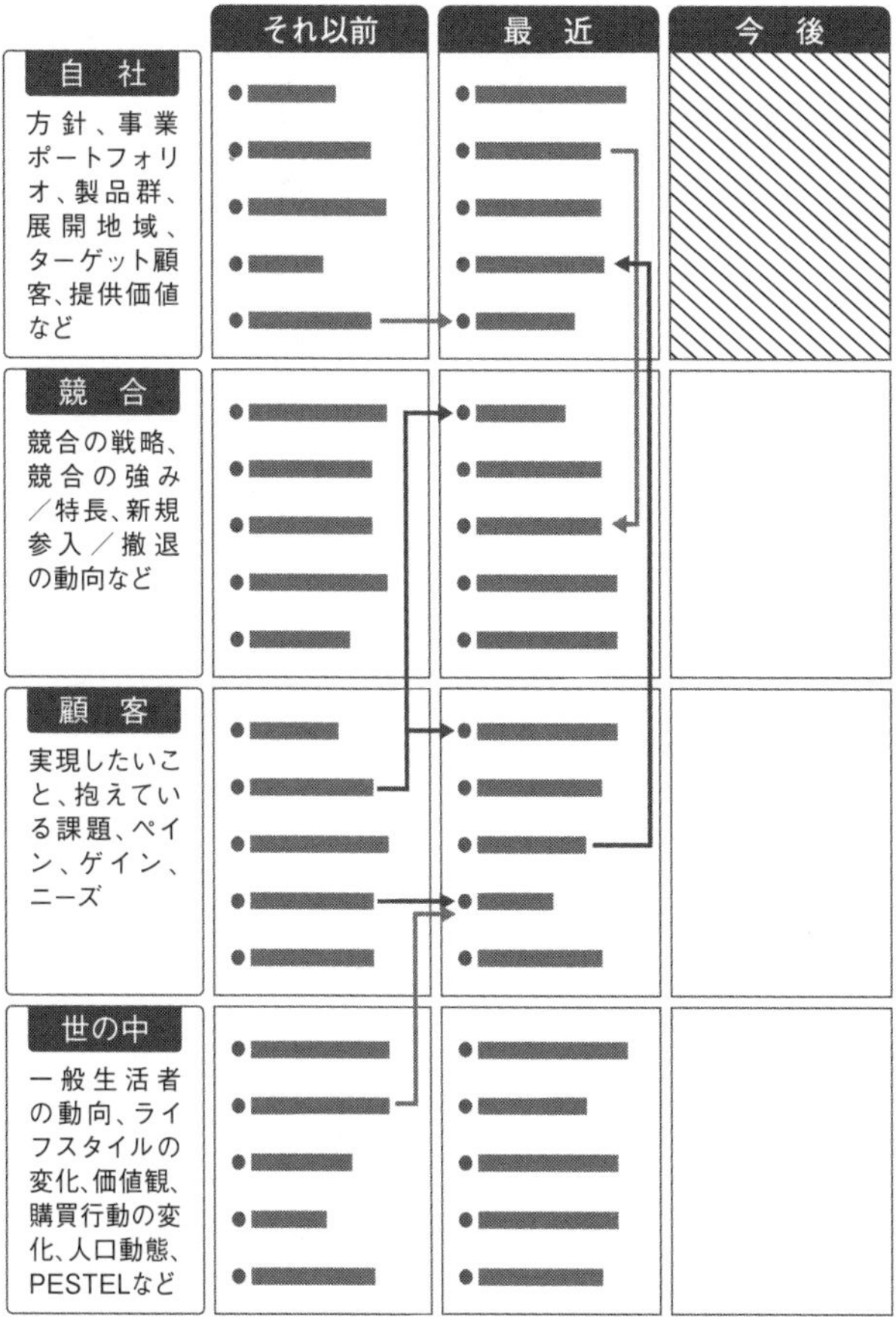

このように過去を振り返ることによって、自社は積極的に時代を切り拓いていく社風をもっていたのか、競合他社がやってきたことを追い掛けてきただけであまり自分たちで主体的に新しいことに取り組んではこなかった、顧客の声をしっかり聞いて課題に応えることに注力してきたなど、自社の特徴がよく見えてきます。こうした分析を通じて自分たちの組織文化も明らかになるのです。

そのうえで「空・雨・傘」の「雨」の部分、これからどうなりそうかということを検討するのが重要です。

ポイントはPESTELという視点

過去を振り返り、自分たちの業界が動いてきた因果関係を把握したうえで、これから世の中がどうなりそうかという右下の部分を予測していきます。

このときに重要なのがＰＥＳＴＥＬという視点です。

［図表 7］　世の中のどこまでを視野に入れるべきか　PESTEL

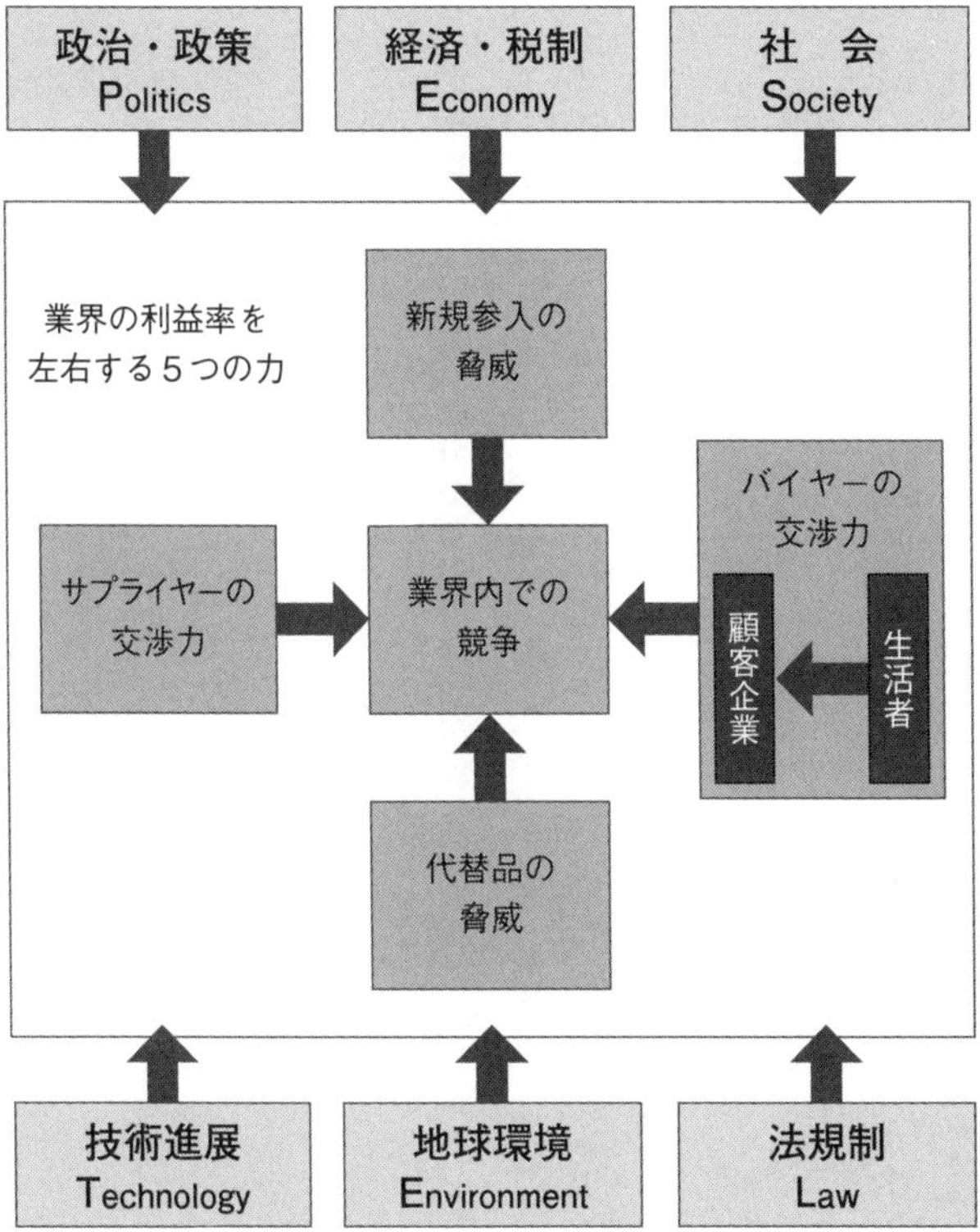

・P＝政治・政策（Politics）
・E＝経済・税制（Economy）
・S＝社会（Society）
・T＝技術進展（Technology）
・E＝地球環境（Environment）
・L＝法規制（Law）

この6つの要素について、自分たちの市場、業界を取り巻くいろいろな情報を事前に検討したうえで、この時代分析に取り組む必要があります。例えば、政治の世界でアメリカのトランプのようなリーダーが出現すると、それまでTPPなど積極的に自由経済を推進していた超大国が急に保護主義的になってしまい、グローバルなビジネスがやりづらくなってしまいます。また経済が上向きであれば何をやってもうまくいく可能性が高く、下向きであれば広範囲に市場を広げるのは難しいと思われます。社会という側面では、少子化が加速するようであれば人口がどんどん減っていきますから、国内のみのビジネスには限界があって市場を拡大するためには海外進出が重要になると考えられます。

最近のテクノロジーの進歩を感じた例は生成ＡＩの出現で、この技術が広く普及すればビジネスのやり方はかなり変わってくると予想できます。地球環境についても、脱炭素の動きはエネルギー産業や物流業界に影響を与えますし、温暖化などの気象の変化は、農業、漁業などに深刻な打撃を与えています。さらにこれらにあわせて国内および海外の法規制が変わってくれば、技術の進歩で拡大の方向に進むと思っていたことが規制されてまったく動けなくなったり、逆に今までの規制が取り払われて一気に市場が広がったりする可能性もあります。世の中の大きな流れをこういった６つの要素で把握しようとしたものがこのＰＥＳＴＥＬ分析といわれるものです。

このように幅広い視点でディスカッションをして分析結果を言語化することで、議論が具体化して「今後」の部分に関するメンバーの意識がそろっていきます。

「～化」は使わない

この言語化において重要なのは、「～化」という言葉を使わないことです。少子化、高齢化、二極化などと、日本語で「～化」という言葉は非常に便利でよく使われますが、意味が広過ぎて焦点が定まらないのです。

例えば「グローバル化」で組織内のメンバーの意見が一致したとしても、グローバル化とは、具体的にどの国で何をするのかと質問すると、ある人は「市場が大きいのはアメリカだ」と言い、別の人は「いや、これから伸びるのはアジアだ」と答えが分かれる可能性もあります。また別の人は海外から観光客が日本に押し寄せて、国内が外国人でごった返している様子をイメージしてグローバル化と言っていることもあります。

一見、一つの言葉で合意しているように見えて、頭の中で考えていることがバラバラではアラインメントされた状態とはいえません。言語化する際には可能な限り具体的に表すことが重要なのです。

時代分析で自社の立ち位置を把握する

次に時代分析では、これからの世の中が変化に応じて、顧客はどんなことに課題を感じるようになるのかということを考えていきます。こうした分析によって、外部環境による変化に対して競合他社はどんな手を打ってくる可能性があるかという競合他社の今後の動きが予測できます。これらは「雨」の部分になりますが、具体的に予想することで、自社の取るべき行動、自分たちにとってのビジネスチャンス、逆に脅威になる競合他社なども見えてきます。

そして最後に「傘」の部分、右上の部分に自分たちは何を実現するかについて書き込みます。企業全体で考えればこの分析結果からパーパスやビジョンを導くことができます。また自分たちが事業部に属していて、すでに全社に向けてパーパスやビジョンが設定されていた場合でも、この時代分析を行うことで経営者から与えられたミッションやビジョンを表層的に受け入れるのではなく、今の自社の立ち位置や目指すべき方向性の意味がしっかりと理解できます。全社方針を踏まえた自分たちの事業部門のチャレンジしていく方向が具体的に見えてくるのです。

つまり、この「傘」の部分を具体的に言語化するのが時代分析の目的の一つです。さらに現在の自社の姿は上段の中央部に記載されていますが、これと右上の、将来のありたい姿を比較することで、現在と目指すべき組織能力の間のギャップがどのくらい大きいかも見えてきます。

現在の組織を維持したままで目指すべき組織能力は達成できるのか、また業務プロセスや人材の見直しが必要なのか、今までの延長ではうまくいかないのであれば次にどうやって実現していくのか、といった具体的な道筋なくして組織能力開発のステージに進むことはできないのです。

シナリオ分析で未来を数パターン予測する

時代分析の右側の列、未来について議論していくときに、顧客や競合他社に加えてＰＥＳＴＥＬの６要素の動きなどは、はっきりと予想がつかないことが多くあります。顧客が今後、右に行くか左に行くかは予測できません。また、競合他社が自社の動きに同調するか、まったく別の動きを取るかを予測するのは不可能だといえます。そんな不可能とも思える予測を整理するのがシナリオ分析と呼ばれる方法です。自分たちの取るべき行動、「傘」の部分を導く際に、自分たちではコントロールできない要素のうち大きな影響を及ぼす変動要因について、２つほど取り上げて考えてみるのです。

例えば自社が日本国内で小売業を営んでおり、なおかつ上場企業である場合を考えてみます。

これからしばらく日本では少子高齢化が進むので、何もしなければ売上が落ちていくことが予想されます。売上を増やそうと思うと、店舗数を拡大していくという方法もありますし、Eコマースを広げていくという方法もあります。一方で、人口の減少に伴って労働人口も減少していますから、店舗数拡大という選択肢を取るにしても人材や顧客の確保ができなければ絵に描いた餅になりかねません。

これからどのような戦略を取るべきかを考えるときに、意思決定に影響を及ぼしそうな未来に関する重要な不確定要素を取り上げて分析するのがシナリオ分析です。

労働人口減少に伴う人手不足は小売業だけでなく、日本全体が直面する重大な社会課題の一つであり、その解決に向けて多くの企業が、無人店舗の実現に必要な技術の開発に取り組んでいます。もしこのような技術が出そろい完全な無人店舗による販売が可能となれば、人材の確保という問題を気にせずに店舗拡大が実現する可能性があります。しかし、そこまで技術開発は進まず、商品の荷受けや陳列、入れ替えなど、人でなければできない作業が残ってしまい、結局人材確保の問題から逃れられない可能性もあります。

[図表8]　シナリオ分析による技術と規制強化の場合分け例

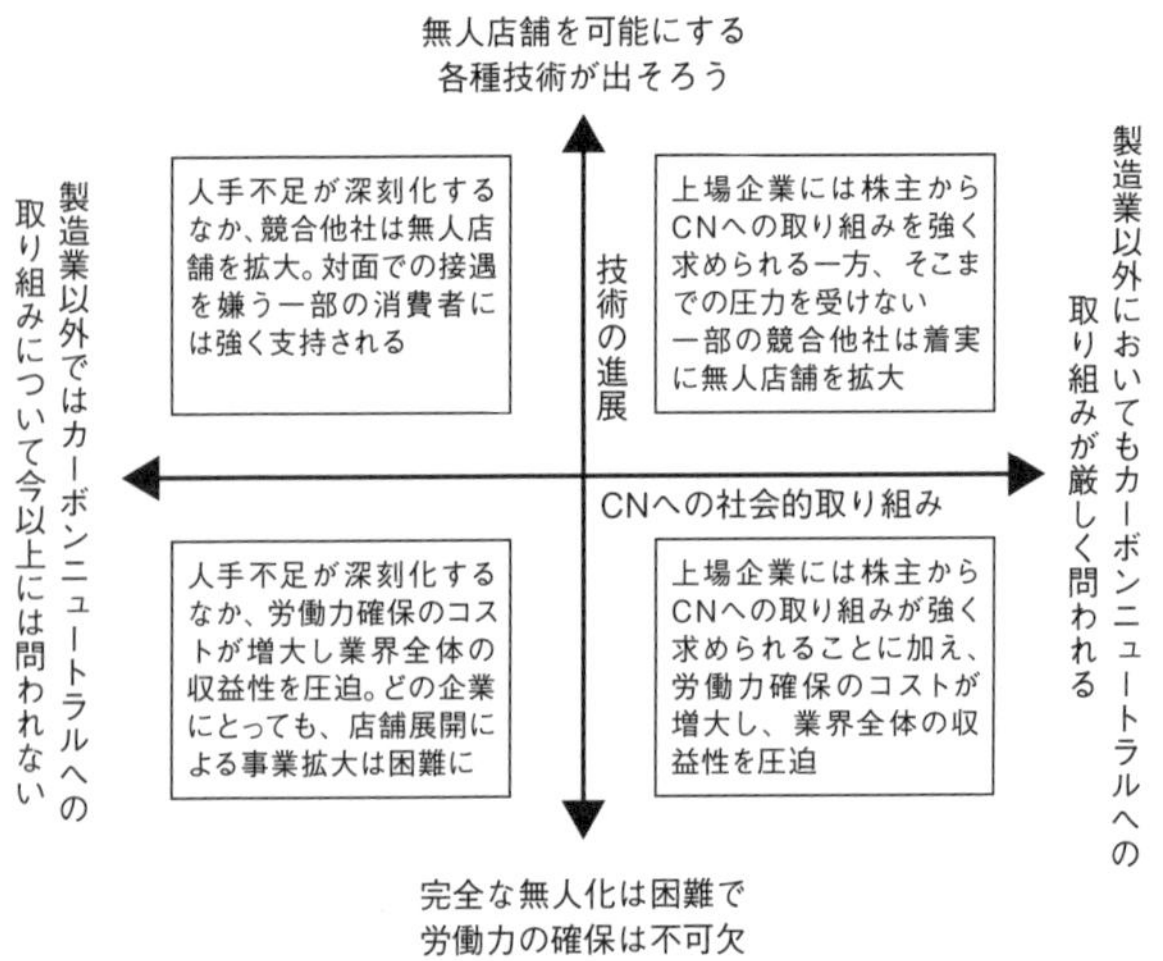
無人店舗を可能にする
各種技術が出そろう
技術の進展
製造業以外においてもカーボンニュートラルへの
取り組みが厳しく問われる
製造業以外ではカーボンニュートラルへの
取り組みについて今以上には問われない
人手不足が深刻化するなか、競合他社は無人店舗を拡大。対面での接遇を嫌う一部の消費者には強く支持される
上場企業には株主からCNへの取り組みを強く求められる一方、そこまでの圧力を受けない一部の競合他社は着実に無人店舗を拡大
CNへの社会的取り組み
人手不足が深刻化するなか、労働力確保のコストが増大し業界全体の収益性を圧迫。どの企業にとっても、店舗展開による事業拡大は困難に
上場企業には株主からCNへの取り組みが強く求められることに加え、労働力確保のコストが増大し、業界全体の収益性を圧迫
完全な無人化は困難で
労働力の確保は不可欠

CN：カーボンニュートラル

一方で店舗の拡大は、店舗への商品供給という物流活動を増加させます。物流がトラックで行われるのであれば、物流量の増大に伴ってNO_xの排出も増えます。今、世界各国ではカーボンニュートラルへの取り組みが強化されており、特に製造業に対するプレッシャーは相当大きくなっていますが、それがさらに進展して小売業に対しても対応が厳しく問われ、店舗数拡大が非難の対象となるおそれもあります。技術面で無人店舗に

よる店舗数拡大が可能となっても、環境問題が足かせになる懸念があります。

図のように、技術の進展と規制強化の度合いについて場合分けをして未来を4パターン予測し、それぞれの未来について自分たちはどのような動きをするのかを考えます。そして、まずは最も可能性の高い未来に対応して戦略を定めておくのです。また、世の中の動きの変化でその予測が少しぶれた場合にもすぐに対応できる状態をつくっておくというのがシナリオ分析の考え方です。逆にシナリオがどのように振れた場合にも対応できるようにするためには、どのような戦略を時代分析の右上の欄に設定すればいいのかという考え方もできます。

差異化こそが戦略の大前提

時代分析の結果、今後の方向性が明らかになると、次に考えておく必要があるのが「戦略」とはそもそも何かということです。「戦略」がビジネスの世界で使われるようになったのは、1960年代くらいからだといわれています。ビジネスにおける戦略は基本的には競合他社と戦いながら、顧客を囲い込んでいくことを目指しています。競合他社に打ち勝つには差異化されたものが必要であり、この差異化されたものこそが戦略の大前提になります。

方向性を見極め、実行すべき戦略を定めるとき、この戦略が競合他社と差異化されていなければ、顧客は安いほうを選ぶようになり値段を叩かれます。もしくは顧客のところにたまたま早くたどり着いた会社のほうから購入するというような行動パターンになりかねません。戦略を立てるうえでは、それが差異化されていることが重要であり、この差異化を明確にすることが重要なのです。

自社が顧客に提供している価値が本当に他社には提供できないものなのかを考えた際に、他社にも可能な価値であればそれはもはや戦略とは呼べません。

私は他社と同等のことをやっていてもそれなりに儲かったのは昭和の時代までだと考えています。当時は高度経済成長、その後の内需拡大政策によって市場が伸びていたので、他社と同じことをやっていても生き延びることができました。しかし、平成以降、市場全体に伸びが期待できないなかではこの方法は通用しません。

まず自社が提供している価値を言語化できるのか、そしてそれは本当に他社と差異化されているのかを確認することは戦略を立てる際の最重要ポイントです。

ターゲット顧客が誰なのか

自社の差異化された価値を発見する手法として、一般によく知られているフレームワークの一つが「ビジネスモデル・キャンバス」です。ビジネスモデル・キャンバスの開発者アレックス・オスターワルダーとイヴ・ピニュール教授の著書『ビジネスモデル・ジェネレーション』（翔泳社）で、オスターワルダーはビジネスを9つのブロックに分けて構造化し、9つのブロックにそれぞれ当てはまる言葉を入れて考える手法を開発しました。このなかで特に重要なのは、「顧客セグメント」と呼ばれるものです。

「顧客セグメント」を考えるときに重要なのは、これから自社が成長しようとしているときに、本当に付き合うべきターゲット顧客は誰なのか、そしてそのターゲット顧客の抱えている「pain（減らしたいこと・避けたいこと）」や「gain（得たいこと・増やしたいこと）」は何なのかを明らかにすることです。

その顧客を含むセグメントは、規模と成長性の観点から追求するに値するものなのか、このようなことを踏まえて自社がどこを狙っていくのか、という点を考えてターゲットを明確にします。これは戦略上、非常に重要になってくる部分です。

そしてもう一つ大切なのがＶＰ（Value Proposition：提供価値）です。自社が提供する商品（製品やサービス）、並びにそれが顧客に提供する価値は何なのか、その価値は顧客満足を得られるもので、しかも競合他社と比較して差異化されて、競争優位性があるのか、といったことを問い直していきます。

実はこれらを言語化するプロセスを踏むと、事業のリーダーシップチームの間ですら認識がずれていることがあります。しかもそのような会社は決して少なくありません。漠然と「今後ターゲットにすべき顧客層はこうだ」「これが自社の提供価値だ」と考え、合意しているように見えても、文章化してみると意外に意見が食い違うということは、よくあります。そのため、これらを具体的に言語化することは、戦略を立てるうえで絶対に欠かせないのです。

VP（提供価値）は最上級で表現する

VP（提供価値）を考えるときのポイントがあります。それは提供価値が差異化されていて、顧客にとって本当に価値あるものなのかを検証するために、顧客の立場で文章化してみることです。

「顧客は他社ではなく我々の会社を選びます。なぜならば、我々の会社は～～という点でとても優れており、我々の会社を選ぶことがベストだからです」

このように文章化したとき、差異化されている提供価値であれば、この「～～」の部分は、「最も～～である」と最上級で書けるはずです。例えば「最もコストが低い」といった具合です。もし、最上級で書けないのであれば、それは他社並みに過ぎないということであり、差異化された戦略とは呼べません。

こうした自社の提供価値の言語化によって自分たちが追求しているものが本当に差異化

されているのかチェックすることができるのです。

私がこれまでこのような形で文章化を支援した際に、事業本部長、副本部長といった事業をリードする幹部の人たちの間でも、意識にズレが見られることが多々ありました。本部長の「これから我々が相手にする顧客はこうで、提供価値はこうだ」という言葉に対し、ほかのメンバーが「それでは今までとあまり変わらないのでは」とか「自分はむしろこのように考えていたんですが……」と異論を唱える場面を何度も見てきたのです。

まず、時代分析の結果をしっかりと考えたうえで、場の雰囲気に流されるのではなく、意識をしっかりとすり合わせることが重要です。ここでベクトルの向きがずれていると、戦略が具体化できずにぼんやりとしたものになってしまうのです。

X航空というヨーロッパのＬＣＣの例ですが、彼らのターゲット顧客は欧州を飛行機で移動する人たちであり、最低価格の運賃であれば、利便性やサービスを犠牲にしてもよいと考える人たちです。こうした条件で提供価値を記述するときも、企業ではなく顧客の目線で記載します。

「私は他社ではなくX航空を選びます。なぜならば、
1．X航空ならば休日における家族との旅行が最低運賃でかなえられるからです。
2．ほかのどのＬＣＣよりも行き先が多いことが気に入っているからです。
3．行きたい場所までの移動時間の合計が、ほかの手段を使うよりも最も短くて済むからです」

これは、本当に他社と差異化できているのであれば最上級で書けるはずだという考えにのっとって、実際に言語化してもらったX航空の提供価値です。

言語化に参加したリーダーたちも実際はかなり頭を悩ませたようです。サービスで差異化するのも難しいし、運賃で差異化するのであれば思い切った価格を提示しないと支持が得られない、果たしてどうすべきか、などとディスカッションしながら差異化の切り口を設定していきました。こうした議論を重ねて互いの考えをぶつけ合い、昇華させながら戦略の骨格をつくり上げていく体験の共有こそが、そのあとの推進力を生み出すためにも重要なプロセスなのです。

また戦略に差異化を生み出すために、意図的に「やめる」ことを決めることも重要です。限られた経営資源をどこに配分するかという、その配分の意思決定が戦略だと定義する人もいるくらいで、何をやらないかというのも重要なのです。

ビジネスは当然のことながら利益が上がらないと永続できません。利益を上げられる活動に集中するためには、ターゲット顧客のニーズから離れた活動はやめるという決断が必要です。

X航空の場合は、最低運賃を保証するために、事前の座席指定や機内食などの無償提供はやめると決めました。このように提供価値が明確になったら、戦略を実行に移すまでの意思決定も速くなっていきます。

分析することで自社の強みと弱みを知る

戦略を立てるためには、自社の現在の組織能力を把握しておく必要があります。アポロ計画も、アメリカに「10年以内に人類を月に送る」技術のポテンシャルがあったからこそビジョンが有効に働いたのです。当時の日本が同じビジョンを描いても壮大過ぎて機能しなかったに違いありません。

では今現在、日本が「10年以内に人類を月に送る」というビジョンを立てた場合、これが壮大過ぎるビジョンなのかそうではないのかを判断するためには、現在の日本の宇宙開発に関する組織能力を分析して把握する必要があります。

分析を通じて現状の組織能力を把握し、ビジョンや戦略とのギャップを理解するうえで「デニソン組織文化診断」（Denison Organizational Culture Survey）というツールは有効です。今では、フォーチュン500をはじめとするグローバル企業で、数多くの導入実績がある診断となっており、日系の大手メーカーなどでも導入実績があります。

この診断の特徴は、投じた費用に対して、どれだけの利益を上げられたかを示す指標であるROI（Return On Investment）、利益を総資産で除した総合的な収益性の財務指標であるROA（Return On Asset）、さらには利益成長率、顧客満足度、従業員エンゲージメントといった組織の代表的なパフォーマンス指標と、組織文化の相関性の研究に基づいた分析ツールであることです。これらの指標を高めようと考えたときに、何に着目すればいいのかが論理的に導けるので非常に施策を考えやすくなります。

［図表 9］ デニソン組織文化診断の診断例

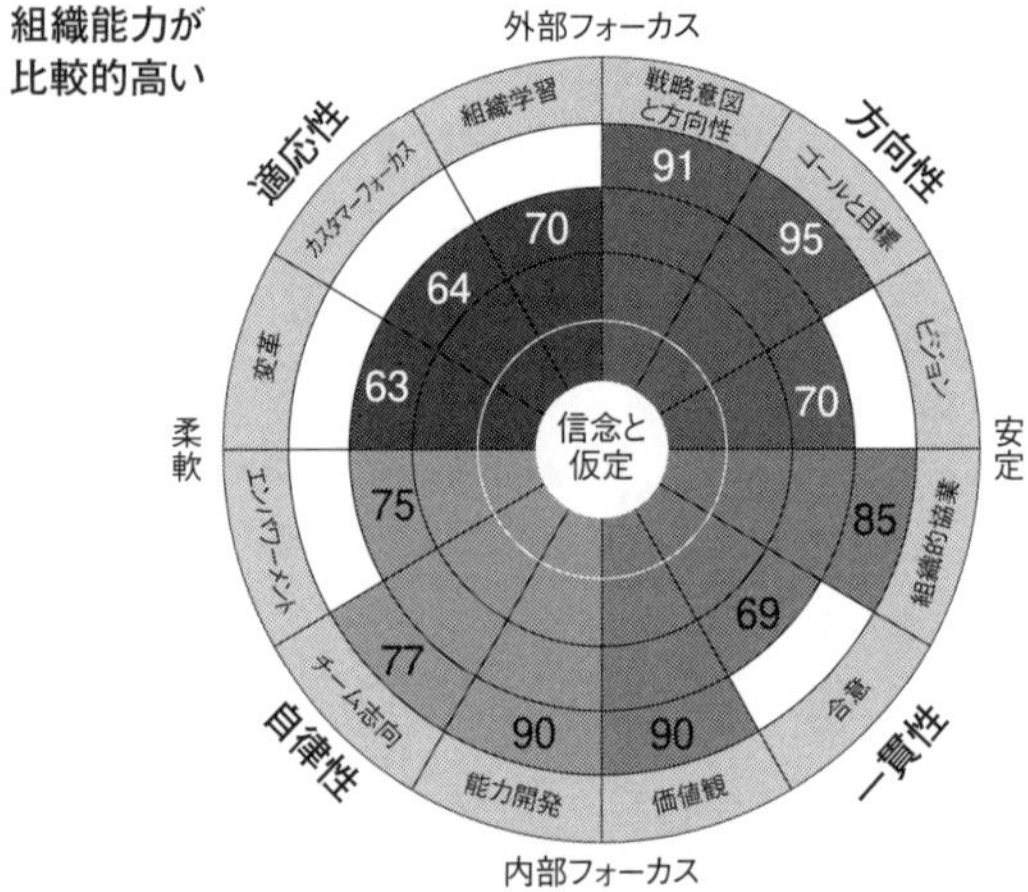

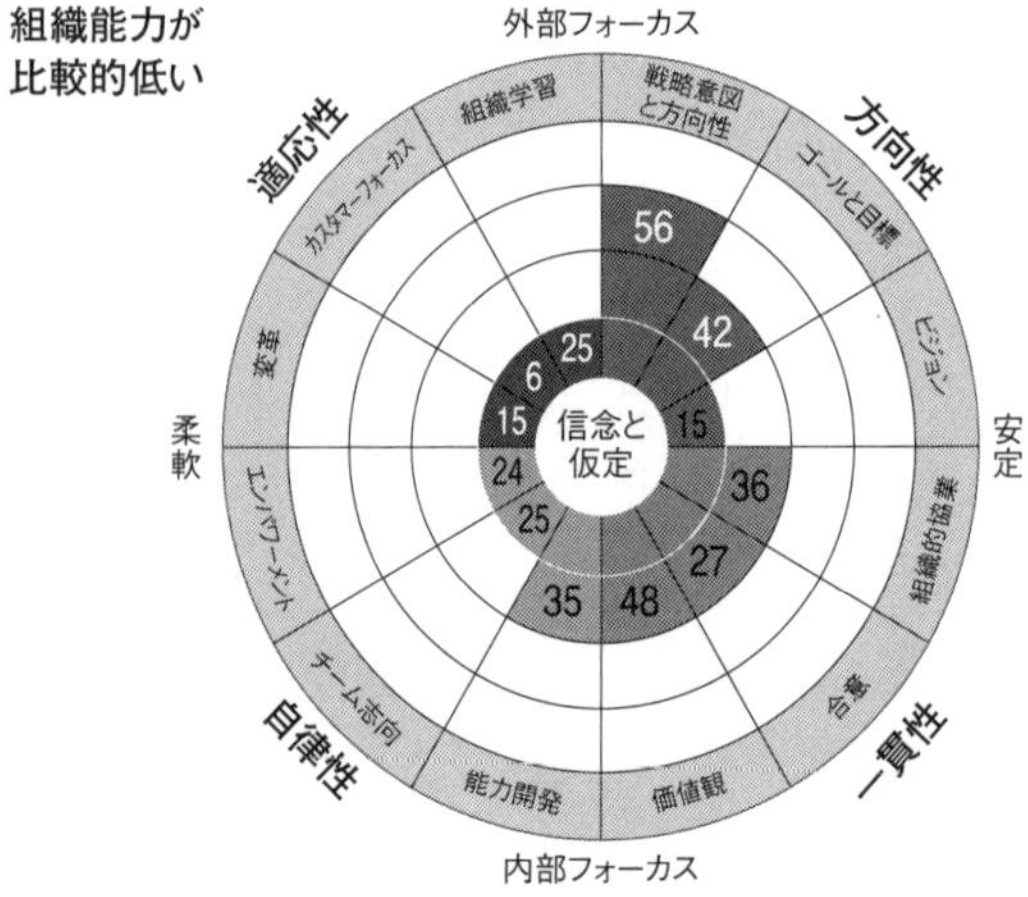

Denison 2019 Composite Japanより著者作成

デニソン組織文化診断では、組織能力を12の切り口で測定し、さらにそれを適応性、方向性、一貫性、自律性の4種類に分類しています。12の切り口それぞれに組織の現状を評価する設問が4問ずつあり、計48の設問に答えることで、その組織の強いところと弱いところが、図のようなチャートになって可視化されるのです。

■**適応性**

「適応性」は企業が市場の変化やニーズを組織内へ取り込み、変化を促しているかについて診断します。外部環境が大きく変化していくVUCA（Volatility, Uncertainty, Complexity, Ambiguity）の時代のなかで、どれだけ変化に適応できるかは企業の生命線になっています。このなかには「変革」「カスタマーフォーカス」「組織学習」の3項目が設定されています。「変革」はリスクを取って変化を起こすことを怖がらない組織であり、事業環境を読み取ってプロセスや手続きの変更の道筋を描き、タイムリーに変えている組織かどうかを測る指標となります。「カスタマーフォーカス」は顧客を理解し、満足させ、彼らの将来のニーズを予測できているかという点が問われます。「組織学習」は外部環境

にすることができているかどうかです。が発するいろいろなシグナルを解釈し、イノベーションの促進やナレッジ獲得のきっかけ

■方向性

「方向性」は、組織全体が向かうべき道筋が定まっているか、そして組織内外の利害関係者にとって意味のある長期的な指標を示せているかどうかを診断するものです。方向性は「戦略意図と方向性」「ゴールと目標」「ビジョン」の3項目で構成されています。

「戦略意図と方向性」は会社が業界のなかで一目おかれる存在になろうとしているか、社員に対して組織の目的を伝え、一人ひとりがどのように貢献できるかについて可視化します。「ゴールと目標」は、ミッション、ビジョンあるいは戦略と紐づく一連の目標や目的が示されていて、社員が自分の仕事をその目標や目的に関連づけることができている組織かどうかを診断します。「ビジョン」は、組織が将来の姿について共通のイメージをもっているか、そしてその将来像はすべてのメンバーに理解され、メンバー間で共有されているかについて診断します。

「方向性」でよくあるパターンとしては、ビジョンは掲げられているものの形骸化し、具体的な中長期的戦略・戦術が示されず、一人ひとりの活動のベクトルがまったくそろっていないという会社です。また、以前は明確なビジョンとゴールを設定し、中長期的な見通しに基づいて行動していたものの、日々のビジネスに追われるなかでいつの間にか、自分たちの存在目的や中長期的な視点が失われているというケースもよく見られます。

■一貫性

「一貫性」は、「組織的協業」「合意」「価値観」の3項目で構成され、全体最適の視点から効率的・効果的に事業運営が行われているか、強い組織文化の基盤となる独自の価値観を浸透・強化する組織運営のシステムが実現できているかどうかを診断します。

「組織的協業」は異なる機能をもつ複数の部署、あるいは異なる部門がうまく協業できているか、部門やグループの違いが協力の妨げになっていないかを診断します。例えば機能別組織になっているメーカーで、営業と開発の間で大事な情報が共有されない、生産と営業の間のコミュニケーションが悪いといった話は非常に多く聞かれます。「合意」はリーダーたちが、非常に重要な課題について合意形成したり、異なる意見をまとめたりするだけのスキルをもっているかに関する診断です。「価値観」は、社内に、自分たちは独自の存在であるという感覚と、明快な期待値を生み出す一連の価値観があり、それがメンバーによって共有されているかについて診断します。「明快な期待値を生み出す一連の価値観」とは、言い換えると、「この組織のメンバーであれば当然このようなことを大切にした行動を取るであろう、取ってほしい」という暗黙の合意が存在するということです。

これらは3項目とも重要な要素ですが、これらの項目のスコアが高かったとしても、手放しでは喜べません。組織としての一貫性は非常に高く、共有された理念・価値観がある一方で、変革に対するマインドが低く、従来のビジネスモデルを打破する文化がないという会社も少なくないからです。実は共通の価値観が逆に変革の足を引っ張っていることもあります。

■自律性

「自律性」では、社員が事業や組織に対して強いコミットメントをもっているか、従業員の能力を向上させ、オーナーシップ、エンゲージメント、責任感を高めるための取り組みができているかという点を診断します。「自律性」は、「能力開発」「チーム志向」「エンパワーメント」の3項目で構成されています。これまでに多くの会社でこの診断を実施してきましたが、実は4つの分類のなかで「自律性」の点数が特に低いというケースを何度も見てきました。

「能力開発」は競争優位性の維持、ビジネスニーズへの対応、従業員の学習意欲の満足などを目的として、継続的に能力開発への投資が行われているかを診断します。一時的に投資はするものの業績が悪くなるとすぐやめてしまう会社も少なくありません。「チーム志向」は共通の目的に向けて協力し合うことに価値がおかれているか、チームワークで仕事をこなすことが大切にされているかを診断します。最後の「エンパワーメント」は、従業員には真の責任を伴う権限が与えられているか、従業員はオーナーシップと自律性を発揮しているかを診断します。

会社によっては組織としてのチームワークを意識し、和気あいあいとしているものの、単なる仲良しサークルの域を脱せずビジネスマインドが低いことがあります。逆に個人主義で社員は個人のプレーヤーの集まりだという文化が強く、組織として連携して動こうという意識が希薄な企業もあります。このような組織の状態が設問を通じて見えてくるのです。

こうした分析を行うことは、まさに組織能力の現状を把握することそのものです。文化とは、「そう考える」「そう行動するのが当たり前だ」と思える「何か」です。例えば日本文化とは、日本人が今までの行動の積み重ねによって「そう考え」「そう行動する」のは、日本人だから当たり前だと思えるような共通認識のベースとなるもののことです。その組織に属する人たちの思考様式、行動様式、あるいは生活様式といったものを規定するものが広く文化と呼ばれているのです。

これは企業における組織にも当てはまります。組織のなかで当たり前に「こういうことをしている」「こういうことができている」といえるものは組織文化と呼ぶことができます。例えば、問題があればみんなで集まって原因を探り出し、解決策を導いて常に改善を行っていくのが当たり前だという状態は、その企業の組織のなかに根づいた組織文化であり、その組織がもつ組織能力だといえます。

[図表 10]　「デニソン組織文化診断」を導入した日本企業 12 社を一つの会社とみなして出力した結果

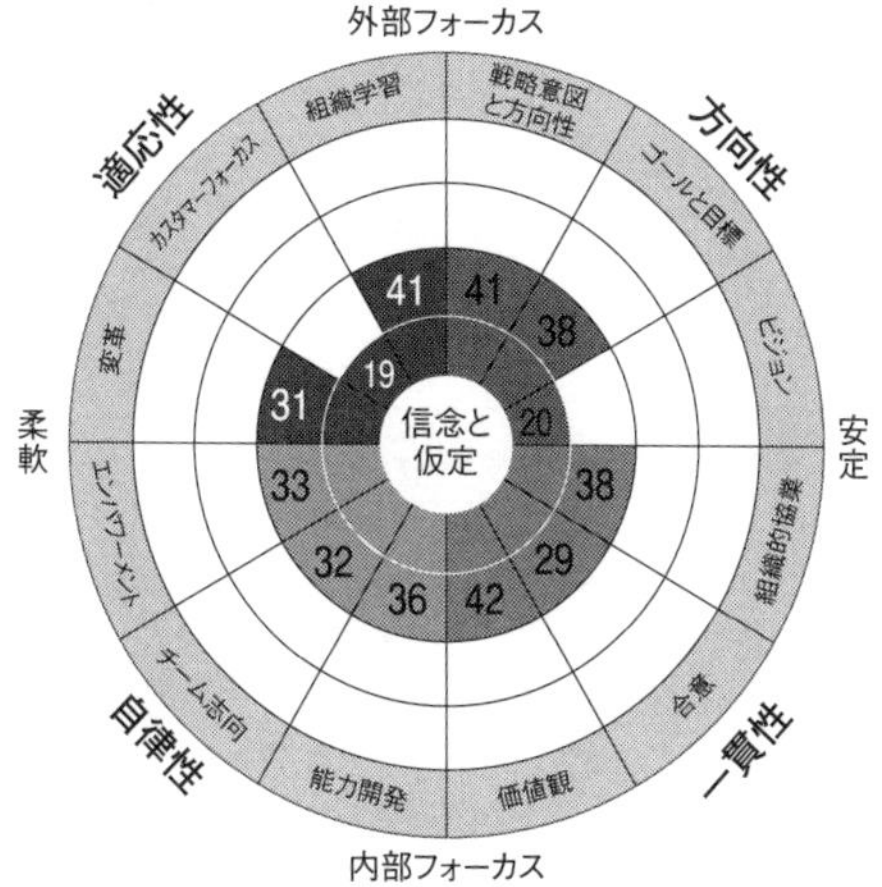

注：1 社 1 社個別に見ると高得点を取れている企業も存在します。

Denison 2019 Composite Japanより著者作成

「デニソン組織文化診断」では12種類の切り口から質問を投げ掛けることでその企業の組織文化、つまりその組織がベースとしてもっている思考様式、行動様式における特徴を診断します。

12の項目それぞれに点数が書いてありますが、この点数の計算方法に大きな特徴があります。これは過去にこの分析を導入した企業のなかから選ばれた1000社以上のデータをベースにつくられたモデルと対比して、自分の会社の回答がそのモデル企業の回答分布のなかで相対的にどの位置にあるか、パーセンタイルで示されます。

例えば、ある設問に対して自分の会社では8割が「まったくそのとおり」、2割が「そのとおり」と答えたとします。この場合、スコアとしてはかなり高くなりますが、モデル企業の社員の9割が「まったくそのとおり」と答えていたとしたら、結果的にはほかの会社よりも低い点数が付きます。つまり、相対的に比較したときに、自社の組織能力は強いとはいえないことになります。データベースになっている1000社以上との対比で、自分たちの組織の点数が出るので、相対的に自分たちの会社が強い部分はどこなのかがクリアに見えてくるのです。

先の図は「デニソン組織文化診断」を導入した日本の大企業12社（回答者約5000人）をJAPAN株式会社という一つの会社とみなして出力した結果です。

特徴的なのは、グラフの左上「適応性」における「カスタマーフォーカス」の顕著な低さです。また、「ビジョン」「合意」も低い結果となりました。あくまでも12社という少ないサンプルからの出力結果であり、個別に見ると点数の高い企業もあるのですが、平均的な日本の大企業は、顧客を理解し、満足させ、彼らの将来のニーズを予測できているかという点が顕著に弱く、ビジョンや、合意という点も欧米を中心としたグローバル企業1000社以上と比較して極端に弱い可能性があります。顧客のニーズに対応する変革に対して前向きとはいえない組織文化があることが調査から見えてきます。

簡易シートで組織能力を可視化する

これらの項目のスコアが高い組織と低い組織とでは、やはり高い組織のほうが組織能力が高いというイメージをもてると思います。ただし、ただ聞くだけでは自分の会社がどのような状況にあるかを理解することは難しいものです。そこで分析結果を簡易版のシートにプロットすることで自社ではどの項目の点数が高く、どの項目の点数が低いか可視化します。

設問に対して、「とても当てはまる」というときは、円のいちばん外側に、「まったく当てはまらない」というときは、いちばん内側にプロットします。いちばん外側といちばん内側の間には3本の線が入っているので程度に応じてプロットしていきます。今回は簡易版ですので、自分が所属するあるいは牽引する組織が12の項目についてそれぞれどの程度

［図表 11］　デニソン組織文化診断体験用簡易シート

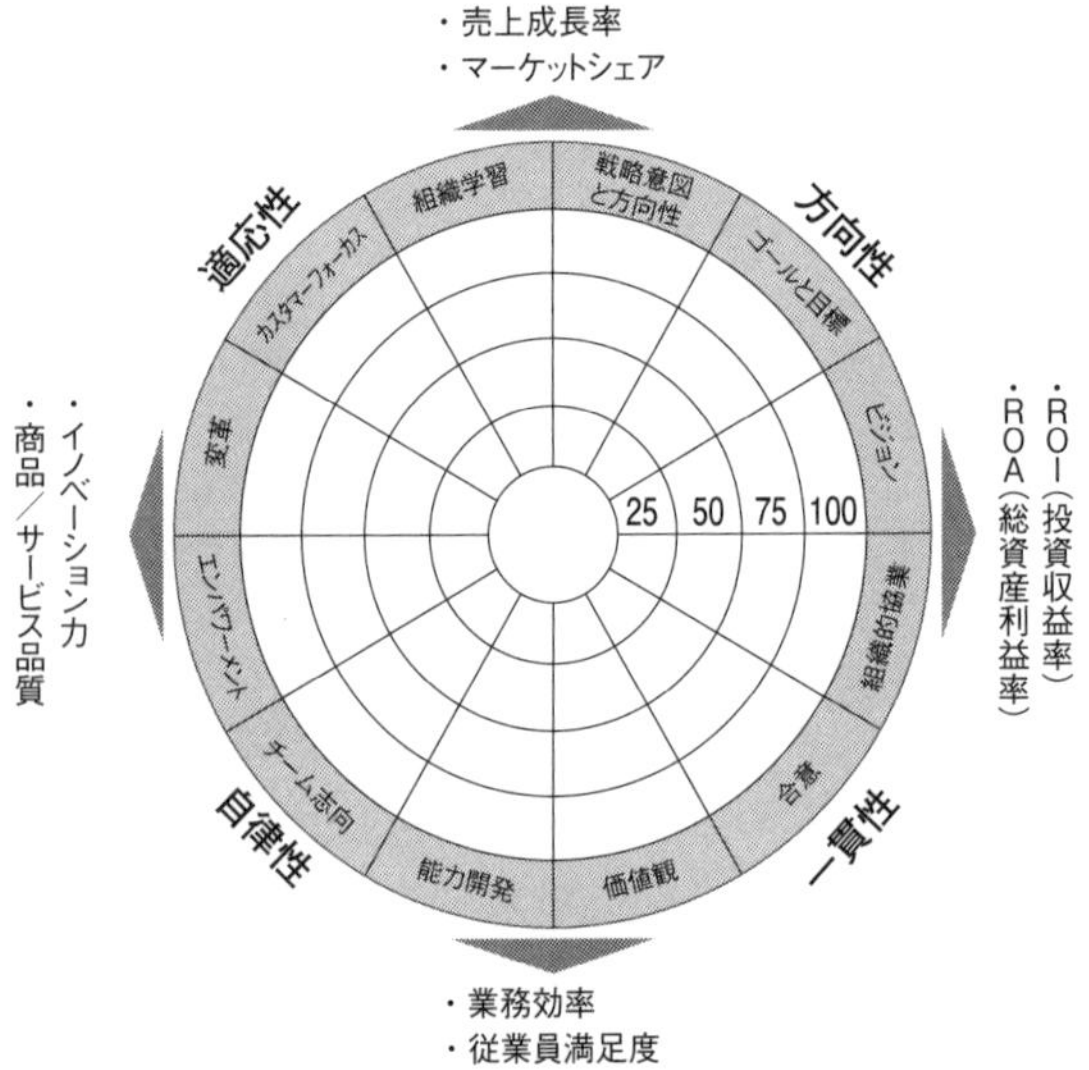

Denison 2019 Composite Japanより著者作成

達成できているか100点満点で考えていきます。そして、結果をシートのいちばん内側から順に0点、25点、50点、75点、100点と25点刻みでプロットしていきましょう。このように、試しにプロットしてみると、自社組織の状態がどのような凸凹になっているか可視化されます。

プロットした結果は、パフォーマンス指標にどのような影響を及ぼすかについて考えていきます。チャートには左上のブロックにある「適応性」から順に、「方向性」「一貫性」「自律性」を測る項目が並んでおり、それぞれのブロックを構成する3つの指標が書かれています。

これまでさまざまな企業を分析してきた結果から、上の2ブロック、「適応性」と「方向性」の点数が高い組織は売上成長やマーケットシェア拡大につながりやすいことが分かっています。理由としては、たとえ今までやってきたことを捨ててでも、外部環境の変化に応じて方向を変えるのが当たり前であり、しかもその新しい方向を組織内に示して浸透させて動けるからです。世の中の流れにうまく乗ることができるので、売上が伸びたり、シェアが拡大したりしやすいのです。実際、私たちが支援を行ったある外資系企業の日本法人では、上の2つのブロックの点数を高める施策を1年間続けたことで売上を伸ばすことに成功しました。

一方、下の2ブロック、「一貫性」と「自律性」が高い組織は、意思決定も協力もスムーズにできるという特徴があります。現場に権限も与えられているので、現場主体でどんどん動くことができ従業員満足度も高くなります。また、根回しや複雑な調整も必要ないので業務効率も高まります。

右側の2ブロック、「方向性」と「一貫性」が高い組織はROIやROAが高い傾向にあります。理由としては、みんなで同じ方向を向いていて一貫した意思決定がなされることで、無駄が発生しにくいからです。「やると決めたらやる」という空気もあり、極めて効率的に動けることも特徴です。

その反対にある左側の2ブロック、「適応性」と「自律性」が高い組織は、イノベーション力が高く、商品やサービスの品質も高い傾向にあります。このような組織は外部環境による変化についていき、しかも現場に権限が渡されているので新しいことにどんどんチャレンジする気運が生まれます。

このように、デニソン組織文化診断というツールを用いることで、自社の現状を把握でき、組織能力として何が低いかが見えてきます。加えて業績と照らし合わせることで、例えば「適応性も方向性も低いから、これでは売上が伸びないだろう」といった具合に、業績不振の原因が見えてきます。

ただし、これらはあくまでも「簡易的」な分析に過ぎないことは留意してください。

［ 第4章 ］

【ステップ2　Capability & Activity System Map】
分析結果を基に
人材戦略・事業戦略を連動させた
「活動システムマップ」を作成する

組織能力を可視化する「活動システムマップ（CASM）」

事業のリーダーシップチームで合意したターゲット顧客に対する価値提供を実行に移すために必要な、これから築き上げなくてはいけない組織能力と、その組織能力の発揮に必要となるこれから行われなくてはいけない一連の活動を明確にするフェーズに入ります。組織を変えて成長させるために企業ごと、部署ごとに「一連の活動」を書き出し、整理するのがＣＡＳＭ作成の目的です。

Ｘ航空のケースでは、パーパス、ビジョンを実現するために、顧客に提供する競合他社とは差異化された提供価値を具体的に言語化しました。しかし、ほかのどの会社よりも圧倒的に安い運賃でサービスを提供するという提供価値を実現するには、これまでとは異なる組織能力が求められます。この新たに獲得する必要のある組織能力を明らかにして、そのために行う活動を明確にするためにＣＡＳＭを作成するのです。

［図表 12］ 活動システムマップ（CASM）のフレーム

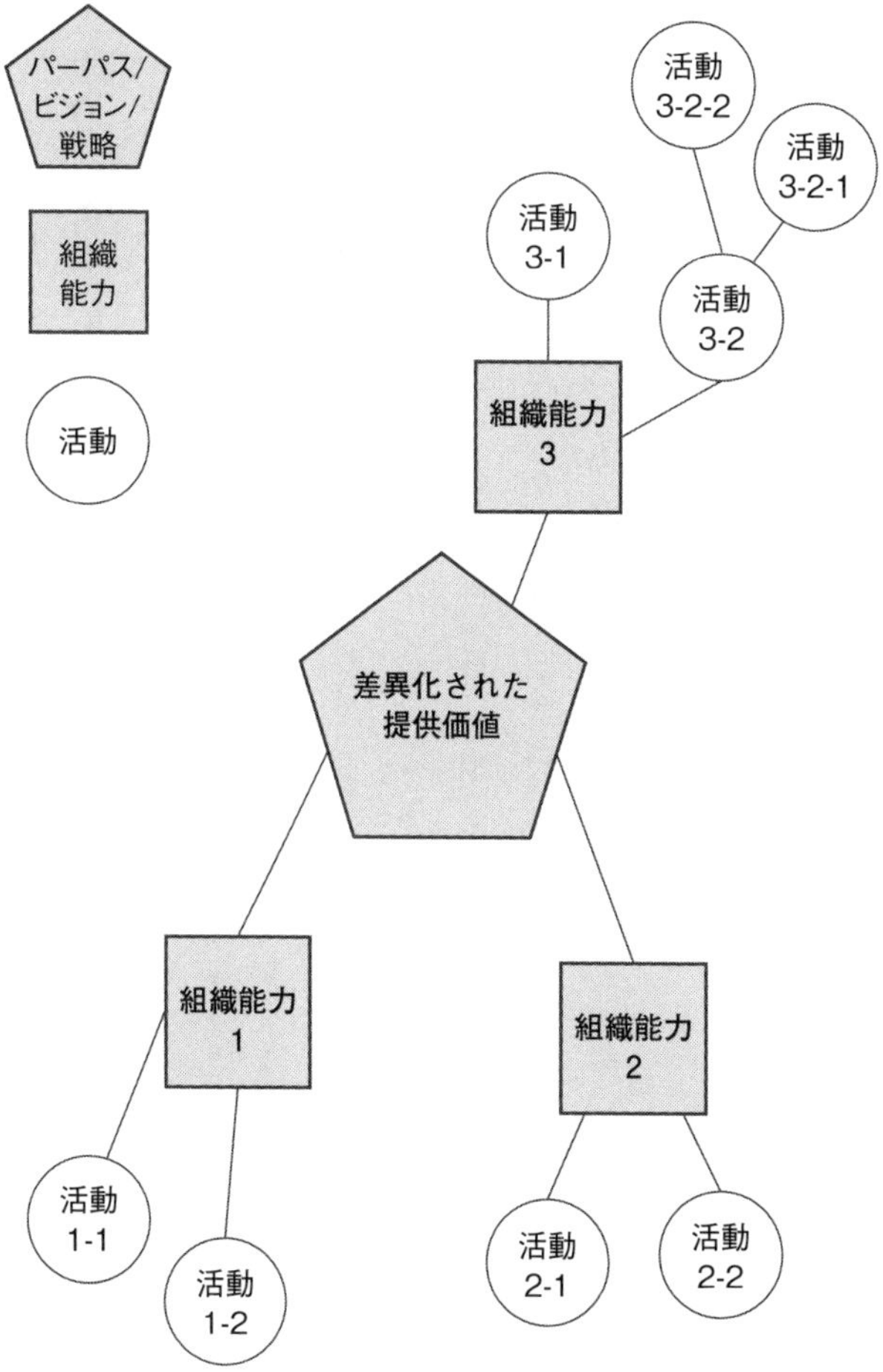

ＣＡＳＭの作成手順については、まず、明確にした顧客に提供する「差異化された提供価値」を中央の五角形の中に記載します。次にその価値を顧客に提供するためには、自社、自分の事業部などは、どのような能力をもたなければいけないのかを考え、五角形の隣の四角形の中に書き込んでいきます。この組織能力は「……できる」「……できている」というように、ありたい状態を表現します。

さらに、この組織能力を発揮するには、どのような活動が日々行われる必要があるかを図の丸の中に書き込みます。

今までと同じ活動をしていては新たな価値は生み出せません。では、その新たな活動とは何なのかを「……する」という形で書き出して具体化していきます。そして、必要な活動が明確になれば、その実行を促進する方向で、業務プロセス、組織のあり方や評価制度、人事制度などを再設計していくのです。

ＣＡＳＭによって明確になるもの

ジョアン・マグレッタは著書『〔エッセンシャル版〕マイケル・ポーターの競争戦略』

（早川書房）のなかで、世界的な家具量販店であるＩＫＥＡの事例を載せています。図表13は同書にあった図を基に私が加筆修正し、ＩＫＥＡのＣＡＳＭを表したものです。

まず、ＩＫＥＡが他社との差異化を果たそうとした提供価値は、真ん中の五角形に書かれた「センスの良い良質な家具を他社よりも安く提供し続ける」です。この提供価値によって顧客から圧倒的な支持を受けることこそが、ＩＫＥＡが20年以上前に打ち出した戦略です。

この提供価値を実現するには、次に示す３つの組織能力が必要です。これを五角形の周りに配置した四角形に書き込みます。

- センスの良い良質な家具をどこよりも安い原価で作れる
- 販管費（減価償却費を含む）を最小限に抑えられる
- 長く・安定的に供給できる

原価と販管費を下げなければ価格は下がりません。また、家具という商品の性質上、長期

[図表 13] IKEA の CASM

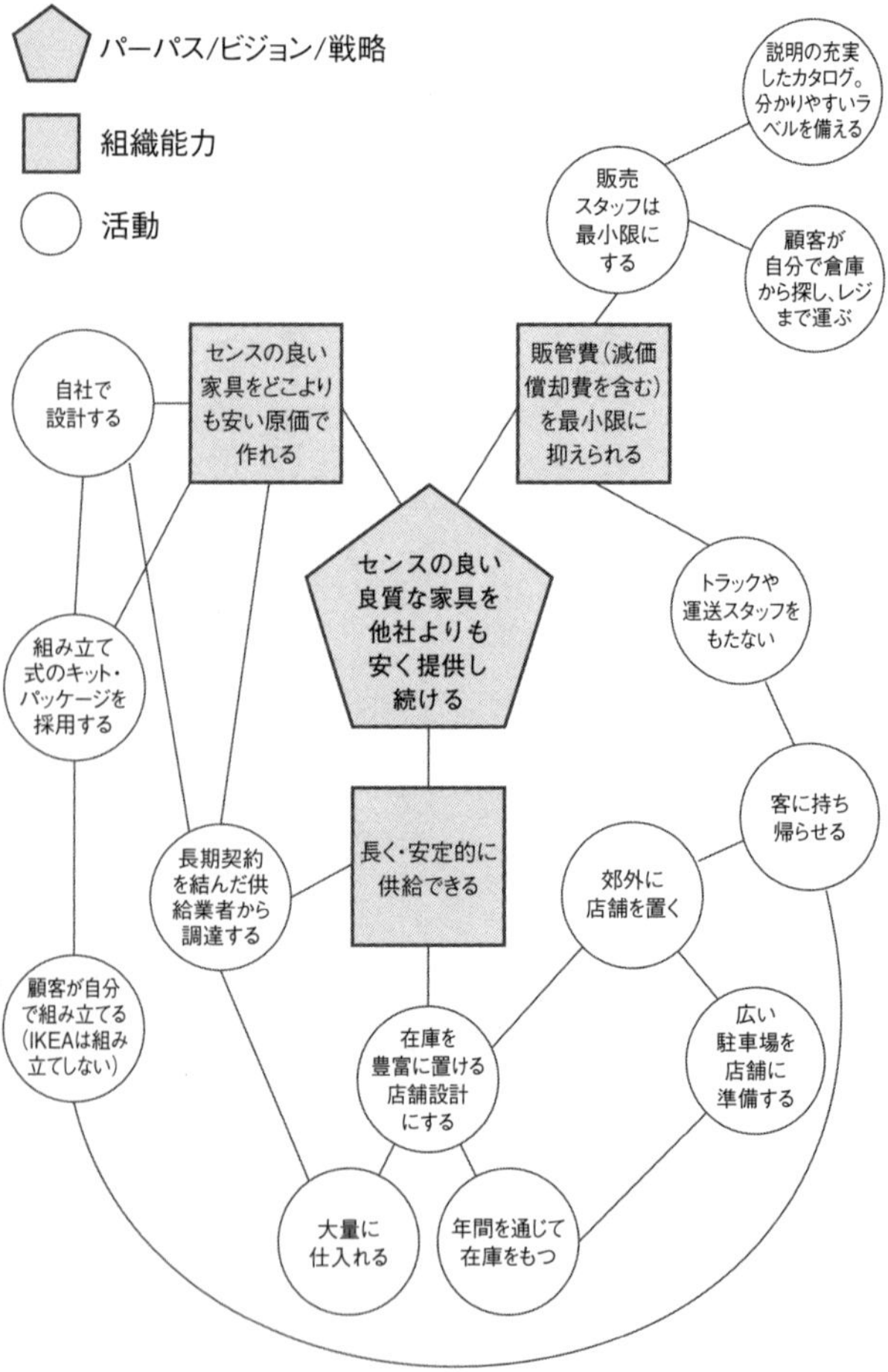
パーパス/ビジョン/戦略
組織能力
活動
センスの良い良質な家具を他社よりも安く提供し続ける
センスの良い家具をどこよりも安い原価で作れる
販管費(減価償却費を含む)を最小限に抑えられる
長く・安定的に供給できる
説明の充実したカタログ。分かりやすいラベルを備える
販売スタッフは最小限にする
顧客が自分で倉庫から探し、レジまで運ぶ
自社で設計する
トラックや運送スタッフをもたない
組み立て式のキット・パッケージを採用する
客に持ち帰らせる
郊外に店舗を置く
長期契約を結んだ供給業者から調達する
顧客が自分で組み立てる(IKEAは組み立てしない)
在庫を豊富に置ける店舗設計にする
広い駐車場を店舗に準備する
大量に仕入れる
年間を通じて在庫をもつ

ジョアン・マグレッタ著『〔エッセンシャル版〕マイケル・ポーターの競争戦略』より加筆修正

間にわたって製品とサービスを供給できなければ顧客からの信頼を得ることは困難です。

次に、これらの組織能力を発揮するために、日々、現場で行わなければいけない数々の活動を円の中に記します。例えば「自社で設計する」の場合、設計を他社に任せると他社の利益が上乗せされるので、その分だけ原価が上がります。また「顧客が自分で組み立てる」ことにすれば加工費を省くことができます。ただし、顧客が自分で組み立てるスタイルにするには、「組み立て式のキット・パッケージを採用する」必要があります。

また、顧客に組み立ててもらうには買った商品を「客に持ち帰らせる」必要があります。そこで「広い駐車場を店舗に準備する」ことになり、そのような広い駐車場を設置できる「郊外に店舗を置く」必要も出てきます。最近でこそ渋谷や新宿などに都市型店舗も出てきましたが、設立当初の日本のＩＫＥＡは郊外に店舗を置いていました。持ち帰りが中心で「トラックや運送スタッフをもたない」ので、減価償却費も人件費も抑えられることになります。さらに「販売スタッフは最小限にする」など、これらの一連の活動を行うことで、中心の五角形にある提供価値が実現できる状態をつくり上げることができます。

このように、まず中央部にこれからどのような価値で差異化をしていくか、競合他社と勝負していくのかという戦略をおくと、これを実現するためには何ができなければいけないのかが見えてきます。組織として何ができなければいけないのか、そのためには日々、どのような活動が行われていなければならないのか、といった条件を書き出していったものがＣＡＳＭです。

以前、成長著しいベンチャー企業の経営陣とＣＡＳＭを作成しようとした際に、役員の一人がこのようなことを言っていました。

「うちのような会社の場合、正直、主力事業がコロコロ変わります。というのも、顧客のニーズが変化したり、競争環境が速いペースで変わってしまったりするからです。なので、ある時点で顧客を定義し、提供価値を定めてＣＡＳＭをつくったとしても、１～２年はそれでよいかもしれないのですが、すぐに使えなくなります。そんな場合でもＣＡＳＭをつくる意味はあるのでしょうか？」

これはとても良い質問です。せっかくある事業についてＣＡＳＭをつくってもすぐに使えなくなるのでは意味がない、と考えるのは当然です。そこで私はその役員に、次のような質問をしました。

「事業は変わるとして、会社としてのパーパスやビジョンもコロコロ変わるのですか？」

すると役員たちは口をそろえて「それはない。パーパスやビジョンは変わらない」と言います。このような場合、ＣＡＳＭの真ん中には顧客への提供価値ではなく、パーパスやビジョンをおくという方法があります。そしてそのパーパスやビジョンの実現のためには、組織として何ができなくてはならないか、求められる組織能力を特定していきます。

この会社の場合であれば、「時代の変化をとらえて、新しい事業を生み出すことができる」や「時代の変化に合わせて柔軟に事業ポートフォリオを組み替えられる」などがパーパスやビジョンの実現にとって不可欠な組織能力になります。そのうえで、新しい事業を継続的に生み出すためにはどのような活動が必要か、事業ポートフォリオをスムーズに入れ替えるためにはどのような活動が必要かを考えていけばよいのです。

また未来の姿だけでなく、現状のＣＡＳＭを描くことで、現時点で、どこで、どのような問題が起こっているのかも、かなり明確にすることができます。

戦略実現に必要な活動が行われていない、部署間の連携が行われていないなどの問題が見えてくるのです。

CASMを複数部署で検討する

とある化学会社のA工場で作成したCASMの例も示します。この工場では電子機器用途の高品質の化学品を製造しています。欧米の企業も含めてすでに数多くの有力企業を顧客としていますが、圧倒的優位性を構築したいと考えてCASMを作成しました。

そして他社と差異化した提供価値として「世界ナンバーワン品質を目指す」と目標を掲げました。これは具体的には「製品内に含まれる不純物含量を現状よりも1桁下げた製品を安定供給する」ことです。

A工場では現在でもかなり高度な不純物混入防止対策をしていますが、もう1桁不純物含量の少ない製品を安定供給するためには、全部署でさらに一段階管理の精度を上げる必要があるとのことでした。この基準を3年後にクリアするために、今後必要な組織能力、そしてその組織能力を得るために必要な活動について考えていきます。

まず工場を構成する4つの部署、生産部門、品質管理部門、物流部門、設備部門でそれぞれCASMを作成してもらいました。そのために必要な能力を四角形に、必要な行動を

[図表 14]　活動の分類整理

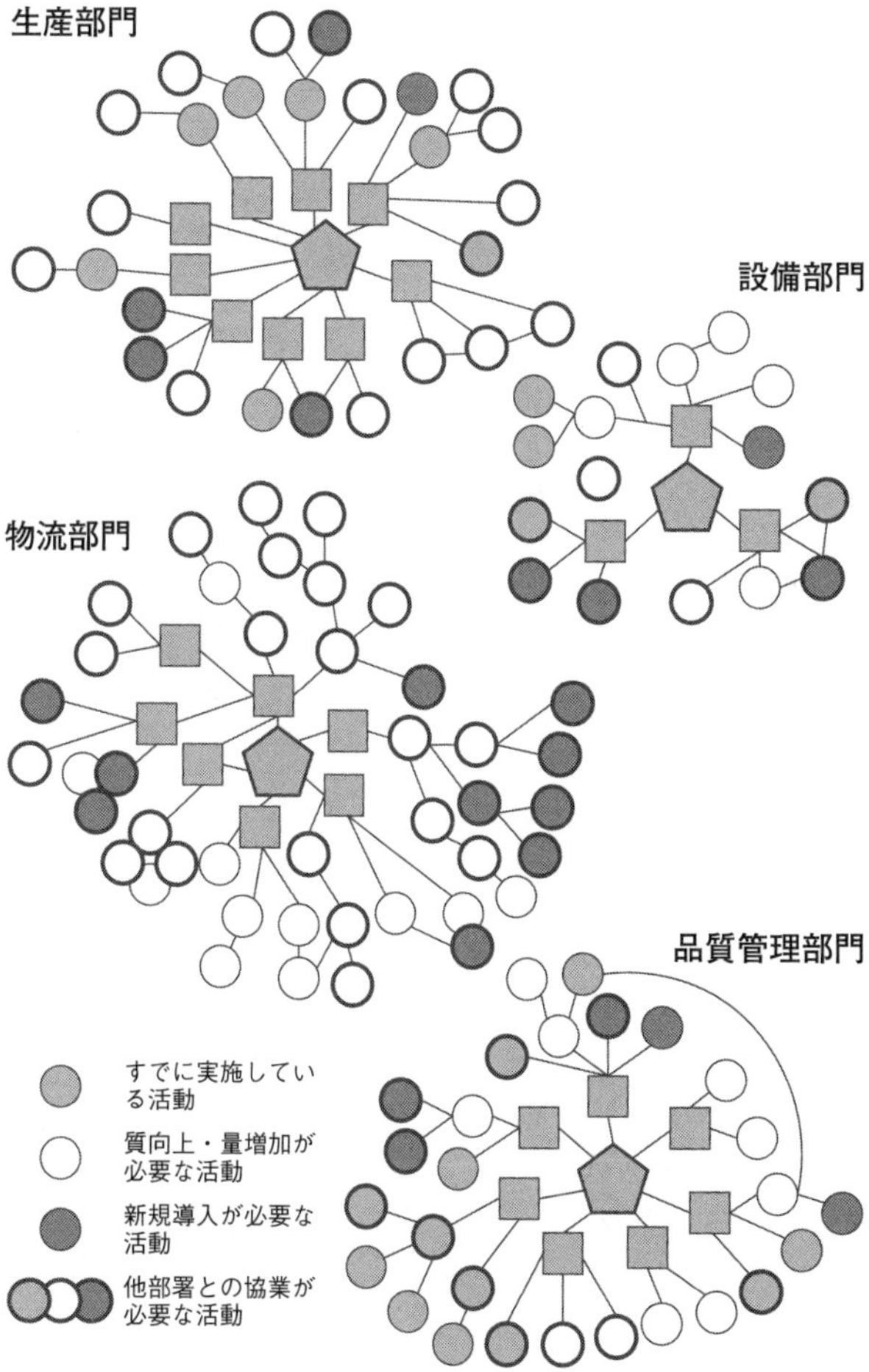

円の中に次々と入れていきます。

ここでさらに、円の中に書いた活動を「すでに実施している活動」「質向上・量増加が必要な活動」「新規導入が必要な活動」に分類します。また、これらの活動のうち他部署との協業が必要なものについては外枠を太線で囲んでもらいます。

各部署で作成したCASMを持ち寄ってその内容を発表し、お互いにほかのグループの検討結果について、見逃しているところがないか、分類が適切かなどを確認し合います。


このCASMで出てきた活動の何が正解で、何が効果的なのかを判断できるのはビジネスを展開しようとする当事者たちだけです。なぜなら時代分析を含めてそのビジネスに関する情報を把握しているのは彼らだけだからです。ファシリテーターとして私が立ち会って、考え方のアドバイスをすることはできても正解を示すことはできないのです。しかし、彼ら自身も今までやったことのない活動にチャレンジするのですから、自分たちだけで出した答えにはかなり見落としが含まれている可能性があります。

例えば、人は今までやってきたことの延長線上で思考する傾向があるため、部署内部だけの狭い関係性のなかで方針を話し合うと、新しいチャレンジも従来のやり方にとらわれている可能性もあります。また、従来の日本型の組織風土が強い場合は部署内の上下関係にひきずられて、部下が意見を出しにくい場合もあります。そのため第三者として私たちのようなファシリテーターの視点や、ほかの部署からの意見が役に立つことが多いのです。

また、CASMで導かれた活動も、シナリオ分析同様に不確実な予測をベースにしているので仮説に過ぎません。まずはいったん自分たちなりに仮説ベースで必要な組織能力とそれを得るために必要な活動を挙げてもらい、実際に活動をスタートさせてから組織能力が計画どおり戦略に結び付いているのかチェックしていく必要があります。そこで思うような結果が得られなかった場合は活動の中身を見直して、新たな行動を起こさなければなりません。

協業の経験が組織文化を変えていく

A工場の場合、生産部門では新たに実施する必要のある活動として設備からの不純物の発生をもう1桁低減する、仮にもし発生した場合、それを100%取り除くことができる設備を備えるといったことが提示されました。さらに、不純物が取り除かれたことを確認

するためにクリーンな環境で製品のサンプルを分析することができる仕組みを確立すると
いった活動も必要だと導き出しました。

そして採取手順の確立は生産部門の仕事になりますが、環境からの汚染のないサンプリングができる設備の設計については設備部門と検討を行いたいとか、サンプリングされたものを保存する設備の入手については物流部門に検討してもらいたいとか、設定した採取方法で汚染なくサンプリングできることは品質管理部門に試験して確認してもらいたいなど、他部署と共同でやりたいことも提案されました。

このように他部署と協働する活動を挙げてもらうことで、相手の関係部署からも意見が出るようになります。各部署での作業の優先順位についても、今すぐ一緒に検討できるか、今は余裕がないから来年の課題にしたいなど、3年後に不純物含量を現状よりも1桁下げた製品を安定供給するという戦略に対して、各部署がともにどのように動けばいいのかが確認できるのです。

このようにCASMを使って関係者が一堂に集まって検討を行うと、部署間の課題を共有することができます。日本社会では縦の関係性が強く、部署間の情報の壁も厚いので、同じ会社内でも部署が異なるだけでまったく情報が共有されず、同じような検討を隣同士の部署で別々にやっていたという状況もよく見られます。

工場全体で合意した提供価値を掲げて、各部署がどのような考え方に沿って、何をやっていくのかという情報を共有することで、お互いの部署同士での協業も進みやすくなり、活動が進展していきます。そしてこのような経験が積み重なることで、部署間の壁を取り払い、協業することのメリットを実感するようになります。CASMの作成によって縦割りが染みついていた日本の会社の組織文化が徐々に変化していくのです。

明確にすべき業務と戦略の関係性

A工場の場合、目標を3年後に達成するために、必要な活動のレベルを分けて表示しているため、それまでに必要な活動を洗い出したあとには、その重要度、難易度を考慮して、今年はどの項目に取り組んで、来年には何をやるかといった向こう3年間のアクションプランを作成しました。

CASMをつくることで戦略とそれに必要な組織能力、そして各活動の関連性を全体的に把握することができるので、それぞれ別の部門に所属している各活動の担当者にも、自分の仕事が別のどの部署との共同作業であるのかが分かります。そしてアクションプランを確認することで、一つひとつの活動がどのように戦略とつながり、さらには会社全体のパーパス、ビジョンとつながっているのかが理解できるようになります。

自分の業務が「レンガを積んでいる」だけだと考えて業務に取り組むときのモチベーションと、どの程度の大きさのどのような設計の聖堂を、いつの完成を目指して建設していると認識して業務に励むのとではエンゲージメントのレベルに差が生まれ、仕事の成果にも差が表れます。

具体的で戦略や他部署と自分自身の仕事との関係性が誰にでもオープンで理解しやすい形になること、それによって関わるメンバーの活動の方向が戦略に向けてそろうようになるのがＣＡＳＭ作成による大きな効能です。

人材戦略におけるＣＡＳＭの活用法

人事担当者からは、従来の日本の新卒一括採用によって社内で適性を見極めて適した仕事に就かせるという「メンバーシップ型雇用」から、業務に応じた人材を雇用する「ジョブ型雇用」に切り替えたいという相談をよく受けます。また社員のリスキリングが話題になっているため、そもそも自分の会社の社員は何を学ぶべきなのか、スキルマップをつくりたいなど、これから人材を育てるうえでの人材モデルをつくりたいという相談を受けることもあります。

しかし人事部のなかだけで制度設計したとしても、会社全体の戦略と紐づいていないと意味を成しません。スキルマップをつくるためには戦略を実行するためにどのようなスキルが必要になるかをまず知る必要がありますし、人材モデルについても、戦略を遂行するうえでどういう部署で、どんな業務が必要になるかを明確にしないと、人事制度が業績に結び付かないのです。

また、このような新しい人事制度を戦略と無関係に人事部が打ち出してしまうと、今までの日本型雇用システムに沿って仕事を行ってきた現場からの反発は大きくなるものです。新事業推進のため人材モデルを設定して他社から優秀な人材をリーダーとして採用したのに、従来の内部昇格システムが当たり前と考えていた現場のメンバーからの反発が大きく、まったく新事業が動きださないといった例はよくあります。

新規事業推進のために必要な人材モデルを、人事部だけでつくるのではなく、ＣＡＳＭという方法論から各事業部のリーダーとの共同作業を通じて作成することで、必要な人材の要件モデルに対する納得感が生まれます。そのうえで、必要とされる人材を内部から育成するのか、外部から採用するのかなどの提案を行うことが戦略人事の事始めともいえます。

やはり最も重要なポイントはアラインメントです。組織の壁を取り払って各部署の進む方向をそろえる、人事部と事業部の方向性をそろえる、経営陣と現場の方向性をそろえるアラインメントがなければ、どれか一つの部署のみが変革を推進しようとしても、反対方向のベクトルの力が働いてしまい、全体として改革が前には進まないのです。

またＣＡＳＭは自分たちで考えて、意見をそこに入れて全体で話し合いながら方向性を決めていくため、やらされ感があまりないという特徴もあります。

やらない活動を決めることも大切

新たな提供価値を達成しようとすると、今までにやったことのない新しい活動もかなりたくさん抽出されてきます。これまでにやってきた活動であっても、より量や質を高めていく必要が出てくる場合が多いため、どの事例でも全体の3分の1から半分近くは、これまでどおりの活動とは違う活動になります。

例えば、事業部のリーダーたちが話し合ってこれからの活動内容を定め、現場に落とし込んだときには、おそらく反発も出るはずです。「新しいことをやれ、今までの活動の量や質を高めろ」と言われても、現状の仕事で手いっぱいでとてもできないと社員が訴える状況は、必ずといっていいほど起こります。しかし、そこでやめるわけにはいきません。

ＣＡＳＭをつくり、組織のありたい姿と必要な一連の活動を明らかにしたら、次にやるべきことは、現状の活動のなかでやめられるものを洗い出すことです。新たな活動に力を入れるための時間を捻出するには、やめてもよい活動を特定する必要があるからです。

それを実行するためには、まず、これから行われるべき活動に対して、実際に現在行っている活動をすべて列挙してそれぞれの活動を次の４種類に分類します。

①　差異化を生み出す活動
②　①を支援する活動
③　コンプライアンス上やらなくてはならない活動
④　それ以外の必要な活動

この４種類に分類すると、多くの場合、④が非常に多く、①と②があまりないことに気づきます。そこで、④をできるだけやめる方向で取り組むことがポイントとなります。

ただし、現場の人たちは④をやめません。自分の仕事がなくなるということは、心理的な不安を感じる最大の要因だからです。したがって、現場の人に任せても「これは重要だから」と言って絶対にやめません。そこで、部長層が中心となって現在の活動の一覧リストをつくり、やめるべき活動をはっきりさせたうえで、「今までやってきたこの活動はやめてもいい。その代わりこちらの活動に力を入れてほしい」と言う必要があります。そうしないと前に進まない場合がほとんどです。

不必要な活動が生まれる理由

このような現場の反発が起こる理由について興味深い書籍があります。大人の発達心理学の世界的権威で、日本でも有名なハーバード大学教育大学院教授のロバート・キーガンとリサ・ラスコウ・レイヒーは著書の『なぜ弱さを見せあえる組織が強いのか――すべての人が自己変革に取り組む「発達指向型組織」をつくる』（英治出版）のなかでこう記しています。

「実は、組織に属しているほとんどの人が、本来の仕事とは別の『もう一つの仕事』に精を出している。～大企業でも中小企業でも、役所でも学校でも病院でも、営利企業でも非営利団体でも、そして世界中のどの国でも、大半の人が『自分の弱さを隠す』ことに時間とエネルギーを費やしている」

多くの企業には評価制度がありますが、誰しも高い評価を受けたいものです。そのようなとき、人は会社のビジョンや戦略などとは関係なく、自分の能力が高く見えるように、自分が上手にできることを一生懸命に行う傾向があります。戦略上、重要でなくても自分が上手にできる仕事であれば「これこそやらなければいけない仕事だ」と主張し、会社としてやってほしい仕事をやらないことがあるのです。

そのようなことをなくすためには、今やっている活動を洗い出し「これはやめていい仕事だ。その代わりこちらの活動は新たな戦略に結び付いた重要な仕事なのでこちらに注力してほしい」と説明することが重要です。これからは変革が必要だから、などとこれからの活動を具体化せずに、抽象的な理念を示して今の仕事をやめろと言っても聞いてはもらえません。今の仕事の代わりに何をやればいいのかがはっきりしないので、新たな仕事に取り組もうとはせず、やり慣れた従来の仕事を続けてしまうのです。

各企業の業務の無駄を削減する仕事に特化しているコンサルタントの話では、組織内で活動を全部洗い出して、どうしてもその組織で必要な業務とそうでないものに選別すると、その組織でなければやれない活動は全体の3分の2くらいになることが多いと聞いたことがあります。つまり約3分の1の業務はやめてもいい、もしくはほかの組織に任せてしまえばよいものだということです。長年仕事を続けていると、慣性の法則でやめられなくなって、前からやっているから続けている仕事が増えてしまうのです。

経営資源を効率的に使うという観点からいえば、不必要な仕事をやり続けることは人的資本の無駄遣いです。毎月書いている誰も読んでいない報告書は提出不要にすべきですし、精度が高くなくてもよい仕事も社内には数多くあると思われます。

実際に私が見た例では、ある大企業はアメリカのニューヨーク証券取引所に上場しているため、3カ月に1回緻密な決算処理が必要だったのですが、そのうちその延長で毎月精密な決算処理をするようになっていました。あるとき、四半期以外の月末の決算報告にはどの程度の精度が必要なのかと経営陣に確認すると、100％の精度を求めているわけではなく8割程度正しければよいという答えが返ってきました。それならば残業など不要だという話になったのですが、管理部門の人たちは、精度を下げることに対してかなり心理的なフラストレーションを感じるようです。プロとしてきちんとした書類をつくるというプライドを捨てることがどうしてもできないのです。

その気持ちはよく分かりますが、重視されていない書類作成に関しては手を抜くということも、業務を効率化するためにはたいへん重要なことです。

しかしこういった理由により、業務を効率化しなければいけないという切り口では、従来の活動を見直すことの重要性には目が向きません。そこで新たな戦略を設定してCASMをつくると、本当に必要な仕事はこちらで、そのためには時間捻出が重要だ、という話ができます。本当は戦略に紐づいた価値のある活動をやりたいのでは？という話をすると、ようやく今までの必要ない業務はやめなければいけないという気持ちになってくるのです。

CASM作成によって今までの業務を効率化することができるという点も、組織の変革のための重要なポイントです。個人の活動の総和が組織能力なのですから、一人ひとりがこれまでの無駄な活動を捨てて、新しい活動を始めるということそのものが、組織能力の刷新になるのです。

新たな組織能力の開発・実装

パーパス、ミッション、ビジョンから提供価値（戦略における〝WHAT〟）を定め、必要な組織能力と一連の活動（戦略の〝HOW〟）を特定することができたら、次にすべきことは一連の活動を現場で実践し新しい組織能力を社内に定着させることです。社員一人ひとりが確実に成果を上げられるよう、成果につながる行動（コンピテンシー）を開発するのが人材育成であるとすれば、組織として確実に成果を上げられるよう、戦略と紐づいた一連の活動を開発するのが組織能力開発です。

この一連のプロセスを企業内に根づかせる比較的実現しやすい方法は、組織能力を高めていくときの最小単位である「部」に焦点を当てるアプローチです。組織能力開発の手法を、新任部長研修など部長層を対象とした研修で身につけてもらい、部の組織能力開発に取り組んでもらうのです。部長がリーダーになって、部としてどのような提供価値を目指すのか、部のビジョンを考えます。そこから紐づいて、では部内にどのような組織能力と活動が必要かを考えます。人事制度までは変えられないにしても、部内のＫＰＩ（重要業績評価指標）や評価基準は変えられるはずで、人材についても議論できるため、「部」にフォーカスして、できるところから手をつけていく考え方です。

この方法は、会社の方向性にしばらく大きな変動がないような状況下では有用です。会社が目指すパーパスやビジョンを部長層が正しく理解し、ＣＡＳＭを部のメンバーとつくり、一連の活動を特定し注力していくことで成果につながると思われます。また、商社のようにそもそも部ごとに異なる事業を営んでいる場合にも有効です。しかし例えば今日の自動車業界のように、業界全体が大変革期にあるような場合は、自動車事業全体としてＥＶに進むのか、内燃機関を残すのか、それ以外の動力に力を入れるのかなど、方向性が決まっていないと、部レベルで個別にＣＡＳＭを作成することは無意味です。

一方で、ＣＡＳＭは個人のスキルマップを作成する場合にも活用することができます。この場合は部よりも小さな課単位での活用が可能です。ＣＡＳＭは解決したい問題のスケールに応じて、会社全体から部や課のレベルまで、いろいろな場面で使うことができる手法です。多くの社員がこの手法を経験してコツをつかみ、自分たちの仕事に応用していくことで組織能力は向上し、自走できる組織をつくっていくことができるのです。

問題の根本がどこにあるのか、課や部レベルで解決できる問題なのか、全社的に考えるべき問題なのかはよく考えて実施すべきです。

一連のプロセスを社内に定着させるもう一つの方法として、人事部内にＨＲＢＰ（Human Resource Business Partner）と呼ばれる人材――経営者や事業責任者のパートナーとして、組織、人事の視点から、事業の成長を促す「戦略人事のプロ」――を養成して、彼らを中心にCASMの作成を進めていくという方法があります。

A工場の事例はまさに企業内のHRBPと私たちが連携して進めたプロジェクトの事例です。HRBPが、工場長、課長とメンバーを集めてCASMを作成する会議をファシリテートし、誰にどのような価値を提供する組織になりたいのか、そのためにはどのような組織能力が必要で、どのような一連の活動が必要となるか導き出します。さらにCASMのどの部分を誰が担当するのか役割分担まで決めれば、あとは課長たちに実践を任せればよいのです。

企業のポテンシャルを最大化するアラインメント

CASMは「組織能力開発」のために必要な活動を具体化するための手法であり、実際に組織能力を高めるためには具体化した活動を通して組織を変えていかなければなりません。

目指す姿を定めたパーパスやビジョンがあり、それを実現するための戦略として差異化された提供価値を定め、これを実行するために必要な組織能力と活動が特定され、そして一連の活動を促進する組織の諸要素が最適にデザインされている状態にする必要があるのです。

「一連の活動を促進する組織の諸要素」とは次の「組織の6要素」を指します。

1　業務プロセス
2　構造とガバナンス
3　情報と測定基準
4　人材と報酬
5　継続的改善の仕掛け
6　リーダーシップと組織文化

この6つを、パーパス、ミッション、ビジョンから導かれた一貫した思想のもとに設計し、現場に落とし込むことで、世の中の変化に対応できる、新たな組織文化を生み出すことができるのです。

パーパス、ミッション、ビジョンや戦略の策定と、組織に必要な6要素の設計に関しては、それぞれコンサルティングしてくれる会社が多数存在しています。しかし、この2つをつなぐ組織能力と活動の部分を言語化し、明確に定義する部分を支援している会社は非常に少ないのです。そのため、世の中の多くの会社でこの流れが断絶してしまっていて、パーパス、ミッション、ビジョンと、組織の6要素が別々に設計されてしまっているケースはかなり多いと感じています。

例えば、経営スタッフや企画部門のメンバーがコンサルティングを受けてパーパス、ミッション、ビジョンを作成し、ホームページに掲げたり、その文言を額縁に入れてあちらこちらの事業部に配ったりしている会社は多いと思います。しかし実際は、組織や人事システムはそれとはまったく別の概念で定められていることもあります。

業績向上につながらない働き方改革など、組織の健全性ばかりに注力して、優秀な人材を確保するためのジョブ型雇用制度を取り入れることには後ろ向きの人事部も多いのではないかと私は考えています。

［図表15］　CUBE

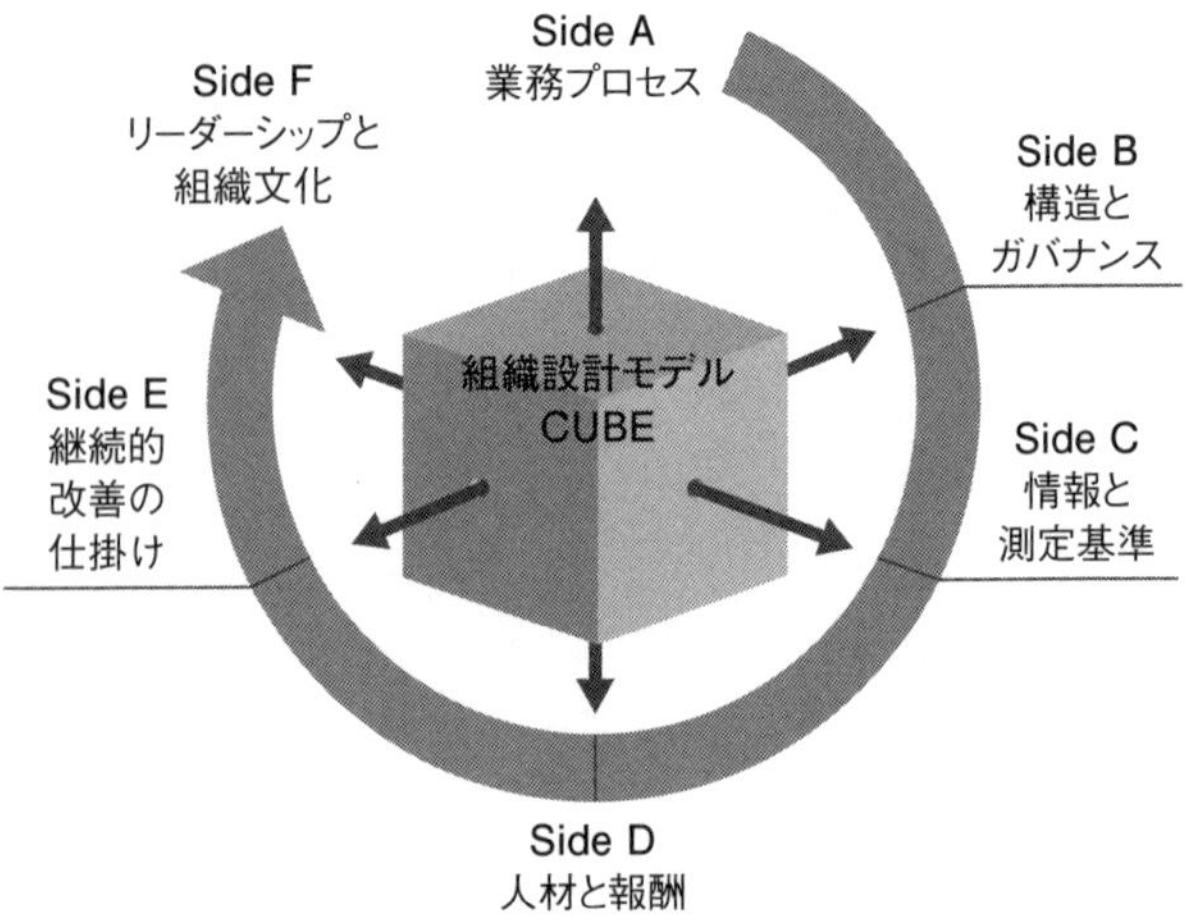

人材を含む組織の6要素がパーパス、ミッション、ビジョンから導かれた一貫した思想のもとに設計されたとき、すなわちアラインメントが取れた状態になったときに、企業のもつポテンシャルが業績に向けた力となって最大化されるのです。

組織の6要素は図に示すように立方体の形にして、Side AからSide Fまでの6面で表しているので、組織設計モデル「CUBE」（立方体）と名づけています。Side Aが業務プロセス、Ｓｉｄｅ Ｂが構造とガバナンス、Ｓｉｄｅ Ｃが情報と測定基準、Ｓｉｄｅ Ｄが人材と報酬、Ｓｉｄｅ Ｅが継続的改善の仕掛け、Ｓｉｄｅ Ｆがリーダーシップと組織文化となっており、この６要素をしっかりつくり込むことによって組織能力を高めていくことができます。

ＣＵＢＥはアメリカのアラインオルグ社が提唱している組織設計モデルであり、同社はＡからＦの順番に検討していくと理想的であると提唱しています。

最初はＳｉｄｅ Ａの業務プロセスです。ＣＡＳＭをつくることによって、未来の戦略を実現するために必要な一連の活動が明らかになります。それをカスタマーエクスペリエンスなどを意識した新たな業務プロセスに落とし込みます。というのも、日々仕事をしている人たちにとっては、これをやって、次にこれをやり、さらにこれをやるといった形で、プロセスに落とし込まれていたほうが理解しやすいからです。そこでＣＡＳＭをそのまま提示するのではなく業務プロセスに落とし込んでいきます。

次がSide Bの構造とガバナンスです。業務プロセスが決まると、「この業務とその業務は同じ人がやったほうがいい」「この業務は非常に専門的な知識を必要とするので別の人がやったほうがいい」といったように、効果的で効率的な組織の業務範囲や業務の構成が見えてきます。どこからどこまでをどの組織が実行するのか、組織構造や組織連携のあり方、あるいは権限や意思決定の範囲が決まります。

そうすると、次は職務管掌を果たすための情報の流れが必要になります。Side Cの情報と測定基準です。業務がうまく回っているかどうかを、どの情報で確認するのか、その業務に携わっている人を、どのようなKPIで評価するのかといったことが議論できるようになります。

この次はSide Dの人材と報酬です。その業務を遂行できる人材要件モデル（コンピテンシーモデル）、スキルマップが見えてくるので、その人材の育成方法や獲得・採用方法を検討します。社内にいなければ、外部からの採用が必要になるため、いくらくらいの報酬を提示すべきなのかも検討します。

ここまで検討すると、実行体制はほぼ整ってきます。ただし、今は世の中がどんどん変わっています。継続的な見直しが必要であり、見直しをするためにはどのタイミングで何を見直せばいいのか、外部環境にどのような変化があったときに見直すのかなどをあらかじめ決めておきます。あるいは、業務プロセス自体に、競合の変化や顧客の変化をとらえて自社が何をするかを決めるステップを組み込んでしまえば、変化に乗り遅れるリスクが軽減されます。これが、Ｓｉｄｅ Ｅの継続的改善の仕掛けです。そうすることで、変化に対する柔軟性とスピードが確保できます。

次に、この新しい動きを牽引するのはどのような人材なのか、リーダーシップ像が定義できます。こうして従来の慣行を破り、新たなやり方を実践することで新たな組織文化が形成されます。これがSide Fのリーダーシップと組織文化です。

アラインオルグ社は、Ｓｉｄｅ Ａから順番に設計していくことが望ましいというスタンスです。新しく会社を立ち上げるときには確かにこの順序どおり進めるのが効率的ですが、すでに組織の規模も大きく、制度や組織体制を変えることが困難な場合には、「できところからやる」スタイルでもよいと私は考えています。

例えば、ＣＡＳＭから人材要件モデルを導くことも可能ですし、ＣＡＳＭから業務プロセスを導くことでも変革の効果は表れるはずです。できるところから着手して「どこ」に問題があるのかを明らかにし、その問題を解決して全体のアラインメントを確認するというポイントが押さえられていれば問題ありません。各社の実情に合わせてＣＡＳＭを起点にして、戦略の実現にとって重要な部分に絞り込んで組織の諸要素をデザインすることも有効です。

［第5章］

【ステップ3　Transformation】

活動システムマップを基に組織を自走させる組織能力開発によって劇的に生産性を上げた4つの企業

変革に向け組織が動きだした事例

新たな戦略を打ち出したときには、それを実行するための新たな能力が組織には必要になります。現在の組織に新たな戦略実行のための能力がどの程度あるのか、足りない部分はどこか、実情が明らかになれば必要な行動が明確になります。

ＣＡＳＭの利点は組織の枠や今までの組織の成功体験に縛られて動けない状態になっている現場のリーダーに、新たな戦略に向けて新たな活動を開始することの重要性を納得させ、変革を開始するステップを始められるようになることです。

必要性を認識しながらも、変革に向けた活動につながらなかったテーマが、ＣＡＳＭを使うことで具体的な行動につながり、組織が動きだした事例はいくつもあります。ただし、顧客との守秘義務契約があるため、実際の討議内容や成果物をモデルにしながらも、少し一般化したり、あえて実際とはまったく異なる内容に変えて記述したりしているところがあります。

〈事例1〉 CASMを使うことで、業務プロセス変更の必要性が明確に

必要性は認識されていたが導入されていなかったフロントローディング

A社はスーパーゼネコンに次ぐ規模をもつ、中堅総合建設会社です。不動産の売買から都市開発、環境事業など幅広い分野を手掛けていますが、総合商業施設や大規模アリーナの建設など、不動産情報の入手から始まる建築施設の提案、地域開発提案などの分野を得意としています。

若者の業界離れ、高齢化、さらに2024年の時間外労働の上限規制適用もあり、生産性の向上は建築業界全体の喫緊の課題です。各社ともデジタル化の推進や、従来の業務プロセスの見直しが必要であることは認識しています。A社でも業界のトレンドでもあるフロントローディングという業務プロセスの導入について検討していました。

フロントローディングとは、設計や計画の段階で、施工の全工程にわたる十分な情報を収集し、設計段階において、後工程で起こり得る問題についても検討し、再設計や資材の

追加発注などの無駄を省き、納期の遅れやコストの増加を防ぐという考え方です。

従来の建築業界では工程を担当するそれぞれのセクションにおいて独立性が高いので、設計段階においては後工程の工事で発生する問題点まで十分に考慮しきれていませんでした。着工したあとで設計上の問題が判明して部分的に再設計を行うことも多いのです。しかしフロントローディングを導入すれば、再設計、再見積もりなど予想外の費用の発生やスケジュール遅延のリスクを減らすことができます。

フロントローディングの有用性は各部門の責任者も理解はできるのですが、そのために何をすればいいのかという具体的な導入には話が進んでいませんでした。また100年続いた組織には従来の仕事の流れによる部門間の壁があり、今までの仕事のやり方が染みついていました。コスト削減、生産性改善の必要性は理解できていても、部署の枠を超えて改革を実行するモチベーションにはなり得ておらず、改革は足踏み状態となっていたのです。

CASMによって見えてきた業務プロセス改革の必要性

そこで私たちは営業、不動産取得から設計、積算、施工など各部門のリーダー約10人を集め、CASMを使って今後A社が業界内で勝ち残るための戦略を検討してもらいました。

まず、時代分析で自分たちの強み、これからの世の中の動き、顧客の考え方の変化を考え、競合他社の戦略を予想してもらうことからスタートしました。競合他社と自社の差異化を意識して、A社の進むべき方向、自分たちの目指すモデルを言語化します。

その結果導き出された戦略が「成長分野の開拓と環境志向の独自ビジネスモデルでほかのゼネコンを圧倒する」です。この戦略がCASMの中心にある五角形に入ります。さらにこの戦略を実現するために必要な組織能力は何か、そしてその組織能力を発揮するために現場で行われなければいけない活動は何かについて考えていきます。

成長分野の開拓は、言い換えれば成長事業を継続的につくり出すということであり、そのためにはこれから力を入れるべき領域をいち早く探し出せなければいけないということになります。例えば、これからの成長産業が「物流」だととらえるならば、その物流業界に魅力的な提案を行う必要があります。そしてその顧客への適切なアプローチを策定しなければなりません。そのためには営業、設計、調達部門など各部門はどんな状態でなければいけないかを話し合いました。各部門がきちんとその能力を発揮するために、今の業務プロセスで問題はないか、業務プロセスの何を改革する必要があるのかについて議論を重ねていったのです。

そして、効率的に仕事を進めるための理想的プロセスを構築するために、仕事の進め方について、発注から建設、仕上げに至るまでの仕事の順番を縦軸に取り、横軸に関係する部門を取って、どこのプロセスではどの部門が何をするのか、各部署の役割分担の一覧表をまとめていきました。

役割分担が明確になったことで、受注が決まった直後の段階から営業部門、設計部門、積算部門などが一緒に議論をしながら企画を進めていくことが可能となり、再設計や追加発注のリスクを回避することができること、それによってコストが下がり、顧客に対して魅力的な提案ができるようになるという結論が得られました。

そしてこのようにプロセスの効率化が重要だという結論にたどり着いたときに、これを実現するためには、やはりフロントローディングを導入する必要があるという方向で、全員の意見がまとまりました。

［図表16］　業務プロセスと各部署の役割分担一覧表

		関係部門																
項番	プロセス名	経営企画	マーケティング	技術研究	不動産開発	営業	技術営業	設計	積算	労務対策	調達	建築内務	工事	設備	安全	総務	技術研究	協力パートナー
Phase1　Pre-Construction（項番1～57）																		
1	事業化企画	○	○	○	○	○	○	○	○									
途中省略																		
12	社会的ニーズの調査	○	○	○														
途中省略																		
20	マーケティングと商品企画				○	○	○	○										
途中省略																		
28	顧客へのソリューション提案				○	○	○	○	○								○	
29	BIMによる積算数量の算出				○	○	○	○	○									
途中省略																		
57	顧客へのプレゼンテーション				○	○	○	○	○									
Phase2　Construction（項番58～86）																		
フロントローディング（項番58～86）																		
58	受注引継会議					○	○	○	○		○	○	○	○	○	○	○	
59	設計図書説明会							○					○	○				
60	全体計画				○	○	○	○	○	○	○	○	○	○	○	○	○	
途中省略																		
73	竣工				○	○	○	○	○	○	○	○	○	○	○	○	○	○
途中省略																		
81	工事監理							○										
途中省略																		
Phase3　After-Construction（項番87～99）																		
途中省略																		
99	売却				○								○					

部署の垣根を越えた組織体制が競争力を高める

A社は従来、不動産部門が情報収集能力にたけていて、不動産開発という分野に優れた実績を残しているという特徴的な強みがありました。例えば、高速道路のインターチェンジの横に売地が出そうだという情報を、他社に先駆けて入手することができたのです。通常はその土地の所有者からここに何をつくりたいから、という相談を受けて建築するという流れになりますが、A社では土地の売り出し情報を早期に入手することができるので、例えばその場所なら物流倉庫を建ててその地域の配送の拠点とすることを、宅配物流会社に土地、建物込みでトータルで提案するといったビジネスモデルをもっていました。

この他社よりも優れた差異化ポイントをさらに活かすためには、不動産情報を営業部門、設計部門、建築部門といち早く共有して顧客に魅力的な計画を提案しなければいけません。このときには納期の短さやコストの低さもアピールポイントになります。

これを実際に実現していくためには土地の取得に対応する不動産部門と、営業部門、建築部門の間の迅速な情報共有が重要になります。この情報の流れをスムーズにするためにはどうすべきかをＣＡＳＭをつくりながら議論したところ、やはりフロントローディングのような、部門横串で行う業務プロセスの確立が必要だという結論が導かれました。

実はＡ社では過去にバブル崩壊による地価の暴落で不動産投資部門が大きな負債を抱え、そのために一時期全社的に経営が傾いたという経緯があり、それ以来、不動産部門と営業部門など他部門との間には大きな溝ができてしまい、情報の共有が難しいという経営体質がありました。

しかし今回自分たちの強みを分析すると、自社には大型商業施設や大規模のアリーナなどの不動産開発事業者としての強みがあり、これからの時代の差別化を考えると、不動産投資とセットで企画できることが大きな差異化ポイントになり得ることが分かりました。そしてそれを活かすための業務プロセスが必要になるということを、各部署から出てきたリーダーたちが合意したのです。

この事例では、ほとんどの参加者が自分たちのやらなければいけないことに気がついていたものの、その業務プロセス改革を部署間の合意を取って実行に移すことに対するハードルが高く実行に至っていなかったのです。

そこで戦略をしっかりとＣＡＳＭに書き込んで、そこに至る組織能力や、そのための活動を話し合っていくと、フロントローディングの実現に向けて各部署が何をしなければならないかが具体的に見えてきました。そして自分たちの優位性をさらに高めるためには、フロントローディングで工期を短縮し、コストを抑えた形で顧客に提案できることが大切なのだと部署の垣根を越えたリーダーの間で合意できたのです。

このようにフロントローディングへの向き合い方が変わってくると、さらにこの改革の加速に必要なことは何かという、フロントローディングを推進するために必要な組織体制も見えてきます。

そしてA社では、この新しい業務プロセスを実行するためには、権限をもった責任者が、企画全体を取り仕切る必要があるというところまで話が進みました。ＣＡＳＭをつくってみた結果、理想を目指すには業務プロセス全体を再設計する必要があるということで、各部署を代表するリーダーたちのアラインメントが整い、自走できる組織体制が構築できたのです。もちろんこの議論のなかでは、対競合他社優位性を高めるために、新しい業務プロセスの至る所にＤＸを導入することも合意されました。

〈事例2〉　新たなコンサルティングビジネスの立ち上げ

キーポジションの特定と人材の要件モデルを明確化

B社はとある国内電機メーカーの子会社です。親会社の発売した装置のマニュアルやパンフレットを制作したり、親会社が参加する見本市や展示会のブースをデザインして供給したりするといったサービスが主な業務でした。

しかし今はマニュアルも販促資料もどんどん電子化されており、親会社からの指示で資料やアイテムを作っているだけではビジネスの発展性がありません。

そこでB社の社長や事業部長は、今までの業務で得た知識を使えば、親会社以外の企業に向けて商品開発についても提案するコンサルティングビジネスが展開できるのではないかと考えました。

彼らの認識としては、コンサルティングビジネスには今まで取り組んだことがないものの、これまでも自分たちが対応していた親会社や顧客から商品開発における重要な情報は得られており、マーケット分析、新商品の企画の提案という業務の流れは今までの仕事の延長線上にあるようなもので、業務プロセスは想像がつくというものでした。そのため、新しいビジネスではあっても、それほど難しいことではないだろうと考えていたのです。しかし、商品の企画・立案という分野でのコンサルティングビジネスの経験がないため、誰が何をやればいいのか分からず、なかなか事業が動きださないといった状態が続いていました。

新規ビジネスの顧客と提供価値の大きなズレ

B社の事業部長は、事業が前に進まないのは業務を進める重要なポジションに人材が配置されていないからだと考えました。コンサルティングビジネスを推進するためには、マーケット分析を行い、その情報を基に企画を考え、その新たな企画を顧客に提案するという業務が発生します。業務を遂行できるのはどのような能力をもつ人なのか、人材のモデルをつくりたいと考えました。人材のモデルができれば、その要件を基に社内あるいは社外から人材を獲得することができると考えたのです。

そこでまずこの新規事業を立ち上げる事業部長と事業部長を支える部長5人でCASMをつくりました。最初に半日かけて時代分析を行い、これまでの自社の強みとこれからの時代の流れを考え合わせると、商品企画の立案からプロモーションまでを一気通貫で引き受けるサービスを開発することで、確かに他社とも差別化できるだろうという意見でまとまったのです。

ところが次に、具体的にどんな価値を提供するかを明文化するというところで意見が分かれてしまったのです。実はこの会社に限らず、よく起こることですが、事業リーダーが考えていることと、リーダーを支える人たちが考えていることが微妙にずれているのです。

この会社はまさにその典型でした。事業リーダーが、「これからの顧客はこうで、そこに対してこういう価値で勝負するんだよな?」と言った瞬間に、あとの5人の部長が困惑してしまいました。それぞれの意見を聞いてみると少しずつ違った考えをもっており、まったくまとまらなかったのです。

その日はこれ以上議論しても無理だと判断し、1週間の間に話し合って差異化のポイントを一言にまとめてもらえるようお願いしました。

必要な人材モデルには4種類の異なる専門性が必要

1週間後、彼らがCASMの中心においた提供価値を表す言葉が「一気通貫のサービスで顧客を成功に導くマーケティング・パートナー」でした。そしてこの提供価値を実現するために必要な組織能力を具体化して四角形の中に書き込んでいき、具体的な活動も記入した一覧を完成させました。

完成したCASMを眺めて、私が「これは1タイプの人材がいれば実現できるのか、それとも複数のタイプの人材が必要になるのか」と疑問を提示すると、明らかに右上の活動をする人と、右下、左側あたりの活動をやる人では専門性がまったく異なるということに参加者が気づきました。

そしてこれらの活動をすべて1タイプの人間が担当することには無理があるという話になり、結局どんなタイプの人材が必要なのか明確にするようディスカッションを促していきました。そして最終的にCASMに描かれた活動は4つの固まりにくくることができる

［図表 17］　B社の CASM 結果

MC：マーケティング・コミュニケーション
CX：カスタマー・エクスペリエンス

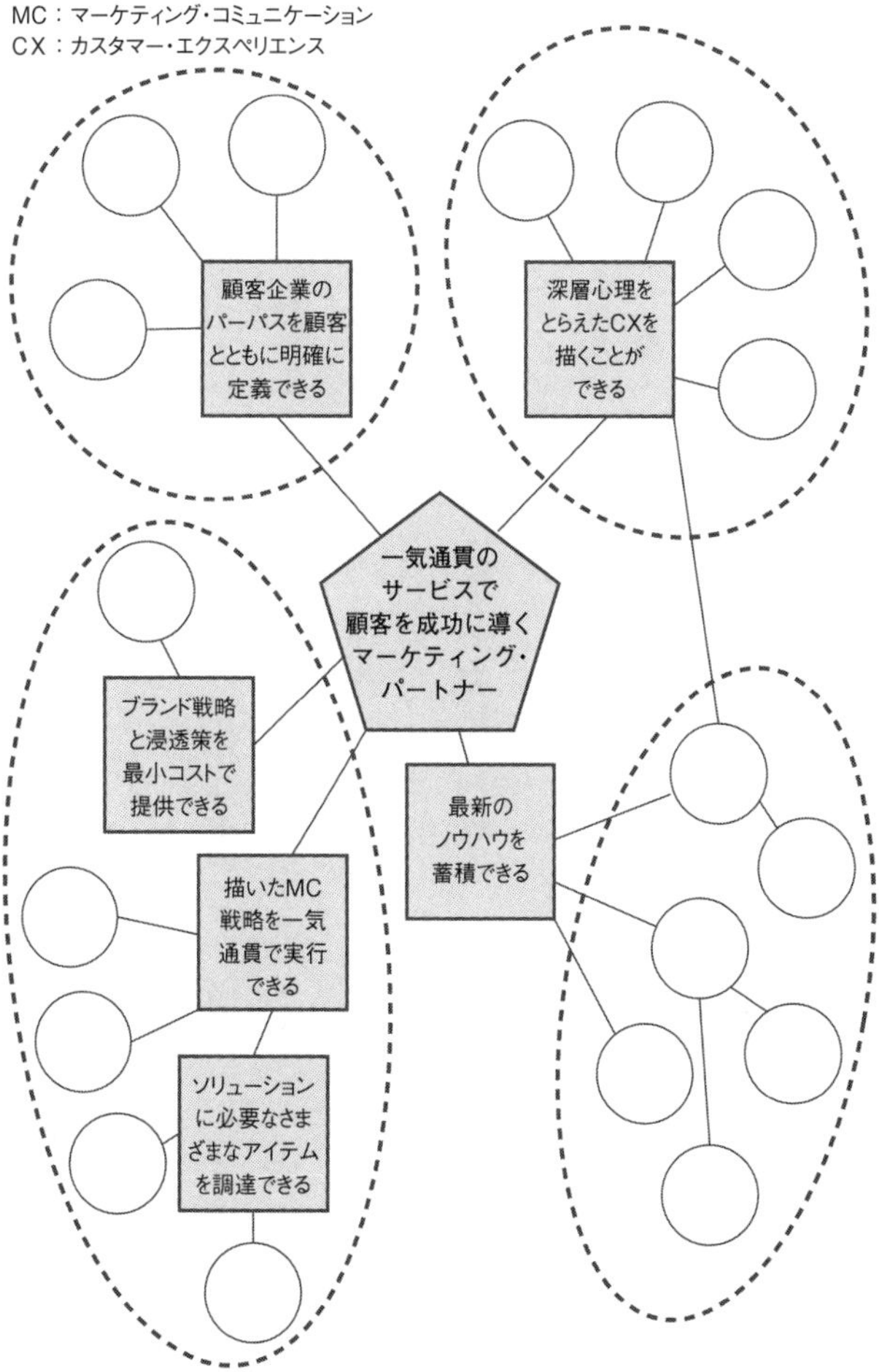
顧客企業のパーパスを顧客とともに明確に定義できる
深層心理をとらえたCXを描くことができる
一気通貫のサービスで顧客を成功に導くマーケティング・パートナー
ブランド戦略と浸透策を最小コストで提供できる
最新のノウハウを蓄積できる
描いたMC戦略を一気通貫で実行できる
ソリューションに必要なさまざまなアイテムを調達できる

ので、この事業を推進するためには４種類の異なる能力をもった人材が必要だという結論になりました。

さらに、このうちの一つの固まりの活動は、Ｂ社では今まで経験のない領域であり、これらの活動に従事できる人材は現在組織内には存在しないことも明らかになりました。そこでこの人材については外部から採用するように人事部に働き掛けることに決定しました。

４種類の人材モデルに必要な能力が明らかになったことで、Ｂ社はこの人材を社内外から採用する際に能力や適性を見極めるためのテストも独自に開発しました。

この事例では、業務プロセス自体は顧客の課題をとらえ、そこに対するソリューションを立案し実行していくということで、目新しいものではない、自分たちでもやれるはずとメンバーは考えていました。しかし、一部の活動には今まで取り組んだことのない要素が含まれていたのです。

新しいビジネスの全体像を、ＣＡＳＭを使って可視化するなかで、新たに組織に必要な能力が明確になりました。そして、このビジネスを進めるために必要な４種類の人材モデルを具体的に導き出すことができたのです。

〈事例3〉　サービス販売事業を立ち上げ

モノづくり企業からコトづくり企業へと舵を切る

C社はセンシング技術とコントロール技術を用いた製品を通じて、顧客企業の大規模製造ラインの生産性向上、歩留まり率向上などを可能とする会社です。

低コストで品質の高い製品を連続してつくり続けるためには、製造ラインに使われる検査機器は定期的なメンテナンスや適正な管理が必要です。しかし、昨今日本の製造業では人手不足が深刻であり、機器の管理やメンテナンスを担当する人材が不足している状況が続いています。

C社は検査機器を製造して販売する会社なので、販売後の製品のメンテナンスは自分たちの範囲外の仕事でしたが、顧客であるメーカーは日々の機器の管理やメンテナンスに課題を抱えていることに気がつきました。そこでC社は販売後も保守契約を結ぶことで、装置のメンテナンスや管理をする人材を派遣したり、定期点検を代行したりするといったサービスを始めたいと考えたのです。

モノを売るだけではなく、機器の管理、メンテナンスといった新しいサービスの販売事業を立ち上げるためにはどうすればいいのか、C社の経営陣は社内から若手を中心にメンバーを集め新事業立ち上げのためのチームをつくりました。しかし、社内に今までない事業を立ち上げる場合は、A社やB社の場合と同じくどこから手をつけていいか分からず、どのような順番で取り組むのが最適か、合意形成がなされていない状況が続いていました。

また、多くの会社に当てはまりますが、新事業立ち上げに関わるメンバーは通常業務との兼務で、現在の担当業務をこなしながら、何パーセントかの時間を割いてこちらも立ち上げてくれという話になります。そのような状態なので、結局メンバーは日々の業務に忙殺されてしまい、なかなか前進できない状態が続いていました。

そのまま1年が経過したので、事業本部長はほかの企業からサービス事業の立ち上げ経験者をスカウトして検討チームのリーダーに据えました。このリーダー自身はやる気もあり能力の高い人材でしたが、従来C社はモノづくりをやってきた会社なので、モノの開発や営業に関わる部隊の力が強くそれ以外の部門の発言力が弱いという企業風土がありました。

新事業立ち上げチームのメンバーも新たに自分たちがやろうとしている事業が、会社にとっては傍流かもしれないという意識も働いて、本業優先で新事業立ち上げに力を入れることができない状態でした。また、リーダーも新しくやってきた会社で部署の壁を乗り越えて強いリーダーシップを発揮することが難しいと感じていたのです。

現在の組織に欠けているスキル

そんな状態のときに、私たちはセミナーで知り合ったC社人事部の人からなんとかこの事態を打開し前に進めることはできないだろうかという相談を受けました。その一方で、この検査機器事業の部門長はこの事業が今まで1年半もやってきてほとんど動かなかったため、効果をあまり期待していない様子が感じられました。

それでもCASMをつくることで役割分担が明確になることを説明し、まずはやってみようと、この新規事業の責任者と技術、サービス、設計のメンバーなど6人を集めてCASMを作成する体験会を行うことになりました。今回は体験会なので、まず私たちが「顧客のメーカーに対して、メーカーの人手不足を解決する」という提供価値を五角形に据えました。そして、その際に必要な組織能力は何かを考えてもらうように促していくとＣＡＳＭが徐々に作成され、それぞれにまず役割分担のイメージが湧き、誰と誰が協業しないとうまくいかないといったイメージも見えてきました。

話し合いを続けて、まずは産業機器展示会といったイベントに、販売する検査機器の展示と一緒にサービスに関する告知をして、来場者に複数のサービスの必要性を理解してもらうためのアンケートを実施しようということで話がまとまりました。新事業推進部立ち上げから1年半を経て、ようやく活動の第一歩を踏み出すことができたのです。

しかし集まったメンバーはメーカーの製造、開発などの事業部の人たちなので、サービスに対するニーズの強さを確認するスキルをもった人材がいませんでした。アンケート作成は顧客の課題がどこにあるのかを確認する重要なマーケティングの手法ですが、最初に彼らがつくったアンケートは彼らが提供しようとするサービスの種類（24時間出張サービスや、保守点検契約を結んでトラブル発生時に無償で修理するなど）を価格ごとに5種類ほど並べて、どれなら購入したいと思うかを顧客に記入してもらうというものでした。

展示会で来場者にこのようなアンケートをお願いしても、彼らは依頼者の顔を立てて、このサービスなら購入しますと適当に回答してその場を離れようとします。そのためこのような内容のアンケートでは顧客のニーズを正確に把握することはできません。

ソリューションビジネスをしようとしているのに、ソリューションビジネスに関するマーケティングスキルをもった人がコアメンバーのなかにいないという問題が見えてきましたが、その部分は私たちが補ってさらに検討を続けることになりました。

新サービスの価値を可視化する

アンケートでは、生産現場ではどの程度人手不足で困っているのか、実態を調査するのが有効だと伝え、いくつかの項目を設定しました。

- 現在生産現場では人手不足という問題を抱えているか
- それによってどんな問題が発生しているか
- 装置が一度故障すると修理にはおおよそ何時間かかっているか
- どのくらいの頻度で故障が発生しているか

・それによってどのくらい経済的損失が生まれているか

これらの質問に順番に答えてもらうことで、人手不足であるがゆえに、ユーザーにどのくらいの損失が実際に発生しているのかということが数字で見えてきます。そうすると現在のC社が考えているサービスに顧客がどれほどの価値を感じてくれるか、いくらならC社のサービスを導入するかが推定できるのです。

想定どおり、アンケートの結果からメーカーの現場では機器のトラブル対応に苦慮していて、機器が故障すると生産ラインが修理のために数日停止するといった現象が起きていることが分かってきました。この現象によりメーカーが被る損失はかなりの金額になることも分かり、トラブルを未然に防ぐ危機管理のサービスはメーカーにとってかなりの価値のあることだということも見えてきたのです。

当初、1プロセスあたり1カ月x万円程度のサービスだろうと考えていたメンバーでしたが、私が「故障によってユーザーが被る損害額を考えたらその数倍の金額を支払っても、相手にとっては価値があるはず」と話すと、少しずつメンバーの表情が明るくなり、モチベーションも上がって、さらにこの事業を前に進めようという気運が高まったのです。

C社は検査機器のメーカーです。モノづくりの会社にはやはり「最先端の技術で製品を作って金を稼ぐことが仕事の正道」、それにサービスを付加するような仕事は本筋ではないという企業文化がいまだに残っています。

そのため事業本部長に声を掛けられて、今までにないソリューションビジネスを立ち上げるのだと言われたメンバーたちも、モノづくりをしている人たちに対して若干引け目を感じているようでした。これから世の中はソリューションビジネスが重要だと言われたときにはやる気にはなったものの、実際に事業部内でほかのメンバーとコミュニケートすると、果たしてサービスで本当に利益を稼ぎ出せるのか、モノづくりしている人たちのお荷物になっているのではないかと自信がもてていない状態でした。

それがアンケートの結果により、サービスの価値が金額として可視化され、顧客が抱える深刻な課題の解決にもつながることが理解でき、自信を取り戻し検討が前に進み始めたのです。

中期計画作成から職務記述書の設定まで達成

またこの新規事業のリーダーはたいへん能力がある人物ですが、事業をC社で進めるにあたってどのような順番で検討していけば整理されていくのかが、これまでつかめていませんでした。そこでＣＡＳＭをつくって必要な活動を洗い出し、その活動を顧客側がサービスに出合ってから契約に至る順序、いわゆるカスタマージャーニーに沿って、自分たちの業務プロセスを作成してみるようアドバイスしました。

するとようやくリーダーシップを発揮する方法が分かったようで、あとはメンバーをまとめて議論して、ＣＡＳＭをつくったあとに、そこで明確化した活動を業務プロセスに落とし込み、さらには短期および中長期の実行計画へ落とし込むところまで進めました。

さらに今後このソリューションビジネスを拡大していく場合は、社内あるいは社外から人を集める必要もあるだろうという話にまで発展していきました。サービス企画の人も、セールスの人も来てほしい、そんな人たちに募集をかけるためにどんな能力の人材が必要なのかということを職務記述書（職務の内容や出すべき成果を詳しく記述した文書）という形で定義する段階まで進んでいったのです。
そして事業をさらに発展させるには、サービス事業リーダー、カスタマーサクセス、サービス営業企画、サービス開発の４種類の人材が必要だという話になり、これらの人材がどういう役割と成果責任を果たすのか、そしてどのようなコンピテンシーが必要で、どのような知識スキルがなければいけないかといった内容を、それぞれ定義しました。図表18はサービス事業リーダーの職務記述書の一部を示した例です。これらが具体的に定義されていると、自分たちがこれから何についてスキルアップしなければいけないかが明確になります。

C社では、1年半なかなか動かなかった事業が、今後の活動を中短期の計画に落とし込み、さらにビジネスを拡大するため職務記述書までメンバーが主体的につくって発表するまでになったという点で、コンサルティングを依頼してくれた事業本部長も満足してくれました。

この事例はメーカーが今までの企業文化にはないビジネスを立ち上げるということで、

［図表 18］　C社サービス事業リーダーの職務記述書

Ⅰ	ポジション名	サービス事業リーダー
	レポート相手	XXX事業本部長
	部下の数	５人
	職務等級	M2

Ⅱ	職務の目的と概要	事業部長を補佐しながらサービス事業全般を統括管理し、ソリューション事業に課せられた目標の達成に向けて、モノとの相乗効果を生み出すサービスのコンセプトをつくり、市場創造戦略、成長戦略を立案して、関係部門を動かして実行する。

Ⅲ	主たる役割と成果責任（Roles & Responsibilities）	
	直接的あるいは間接的に達成すべき財務目標	・事業部長の立てたサービス事業に対する売上・利益予算を達成する。 ・予算どおりに進んでいないサービスについては、関係部門とともに原因を突き止めて対応策を実施し目標を達成する。 【指標】売上、利益目標達成率
	組織ビジョン・方針・戦略の策定と浸透、実行に対する責任	目標の実現に向けて、顧客価値を中心においた戦略を、リリース後も継続的に修正し、関係部門に周知を徹底して実行を推進する。 【指標】戦略に対する（関係部門からの）確信度、実行計画の進捗度、課題発生時の課題解決度
	顧客価値の最大化に対する責任	提供しているサービスが顧客の求めているものと合致しているかカスタマーサービス部門とともに検証し、改善すべき点があれば関係部門に速やかに改善を指示し完了させる。 【指標】新規契約数、契約リピート率
	業務プロセスの確立と改善、生産性向上に対する責任	サービス事業内各部門の業務プロセスを常に見直し、生産性、効率、省人化、コストという視点で改善の余地を見つけ出して、関連部門に改善させる。 【指標】ROIC、一人あたり売上・利益
	組織力の強化・向上に対する責任	顧客ニーズの変化、同様のサービスを展開する他社の動向を把握し、将来的な組織要件を描いて、不足しているリソースを社内外から調達する。 【指標】組織要件が求めるリソースの充足度

最初はビジネスにはどのようなスキルが必要なのかも十分には見えていない状態でした。しかし、メンバーが自分たちのビジネスの価値を再認識し、CASMを使って必要な活動をあぶり出すことで、その後は計画作成から必要人材の具体化まで活動が進んでいったというものです。

今までにない新しいビジネスを立ち上げるのは、染みついた企業文化から脱却しなければいけないため、事業を推進するためにはある程度外部のサポートも必要になるケースは多く存在します。しかし戦略を中央においてCASMでやるべきことを具体的に列挙していくと、今までやったことのない分野でも、何から始めればいいのかの道筋が見えてきて事業を順調に進めることができるのです。

〈事例４〉　各課で新しくスキルを学ぶ環境を整備する

専門性の高さゆえに、何を勉強すべきかを明確化

Ｄ社は製薬会社です。自社で研究開発した新薬の売上が順調に伸び、海外への進出も目指していて会社としては非常に好調な業績を収めており、次なる大型新薬開発を目指してより高度な研究開発を行っていこうとしていました。

しかし、医薬品の世界では業務は合成、薬理、試験検査、物性研究、製剤化、安全性、臨床試験など、非常に細かく細分化されていて、しかも内容が高度化しています。そのため人事が研修などを企画するような形で社員にリスキリングをサポートすることは難しいのが現実です。それぞれの能力開発は個人の努力に任せているところがあり、各組織のメンバーからも「専門性を向上したいが、何を勉強したらいいいか分からない」と相談を受けていました。

細分化された業務の一つひとつに、どのような能力が求められていて、能力向上のため

にはどんな活動が必要なのかについて明確に言語化されたものはありません。さらにテクノロジーも急速に進化しているので、過去にやってきたことをそのまま続けていたのでは出せる成果は変わりません。これまでと違う成果が求められるのであれば、そのために必要な知識・スキルを新たに身につける必要がありました。そこで課単位でCASMを使って、現場の担当者でワークショップを行い、必要な能力を具体化したスキルマップ（社員各人の業務内容に合わせて必要なスキルの種類と目指すべき習得レベルを示したもの）をつくることにしました。

スキルの必要性を理解する

このワークショップは図表19に示す順序で行っていきました。逆算していく形になりますが、これから求められるスキルの一覧をつくるには、これから日々行われるべき活動や職務内容とそのレベル感が明確にならないと、どのようなスキルが必要になるか分かりません。

これから日々行われるべき活動を具体化するには、今後の成長戦略のなかで自分たちの

［図表 19］ スキルマップ作成に至る流れ

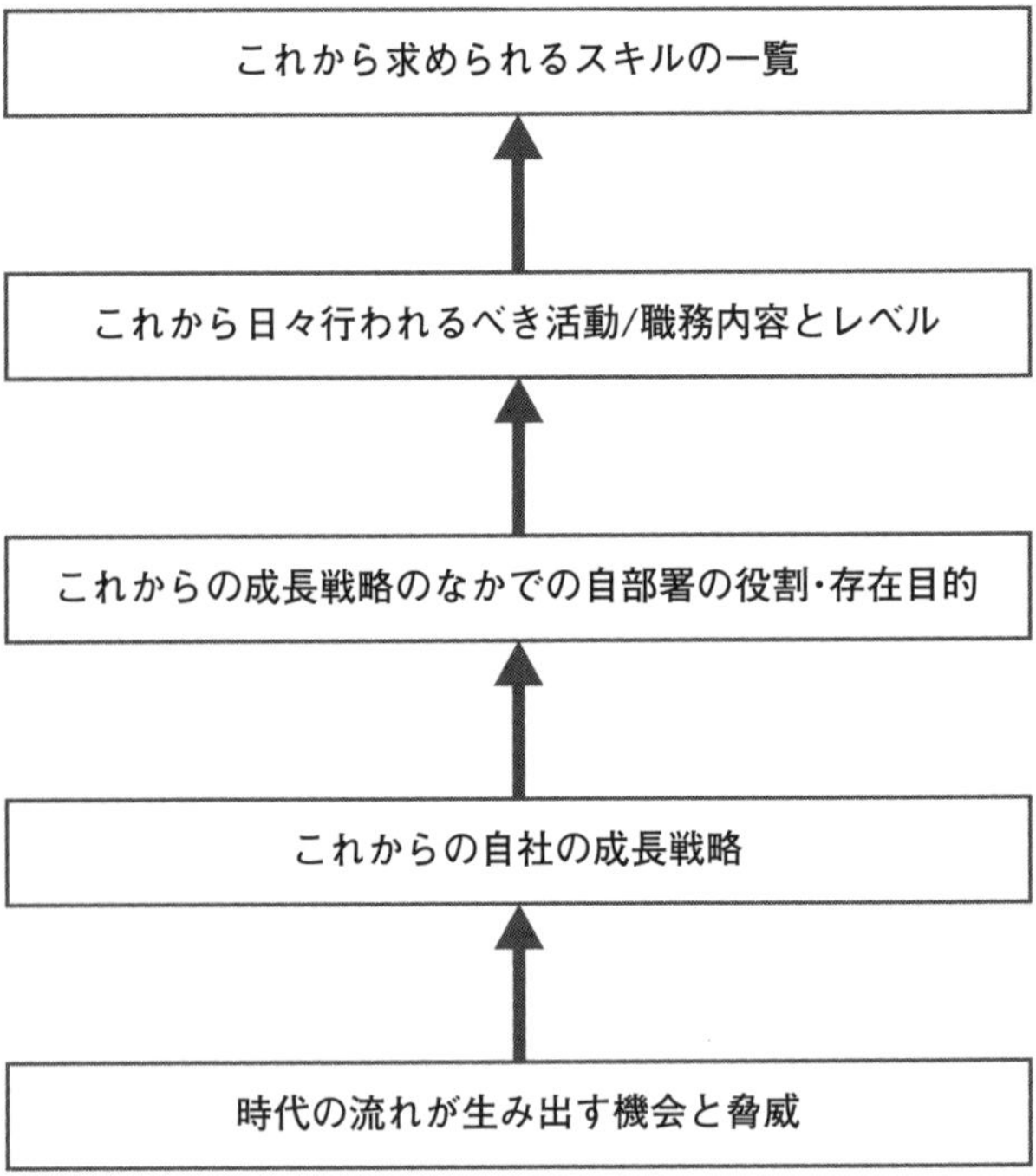

部署の存在目的が明確になっていないといけません。そのためには、まず自社の成長戦略を理解する必要があります。

そして、なぜそのような戦略を取るのか、時代の流れを理解し、これから訪れる機会や脅威を予測する必要もありました。そのためロジックを組み、参加者には図の下から上に向けて作業をしてもらうことにしたのです。


具体的な作業としては、まず「時代分析」を行います。D社の場合、顧客とは患者やドクターで、その先に世の中があります。これから先の世の中はどうなり、どのような変化が起きそうか、そうなると患者やドクターはどのようなニーズをもつかなどを考えていきます。さらに競合他社はこんな動きをする可能性がある、ではD社は何をするのかといったことを参加者の間で議論しました。

そのうえで会社が示しているビジョン、経営計画、成長戦略などを改めて見ることで、その背景や意図が分かってくるのです。例えば「グローバル」と謳っている場合、会社が重要視しているのはアメリカの動向なのか、アジアの動向なのか、などさまざまなことが理解できるようになります。

次に、時代背景や会社全体の戦略を踏まえて、自分たちの部署は誰をターゲットに、どのような価値を提供していくのかを考えます。そしてそれをベースにCASMを作成します。その価値を提供するには、自分たちの組織はこのような能力をもたなければいけない、そのためにはこのような活動が必要だと、参加者みんなで考えながら作成していきます。CASMを作成すると、そこに描いた活動の一つひとつを実行するにはどのようなスキルが必要かが見えてきます。そのスキルの一覧表をつくり、今後、自分たちは何を磨いていくべきかを議論しました。

スキルマップによりエンゲージメントを向上

これはD社の一つの部署の例ですが、顧客は「D社内の開発部門」で、「開発目的に合致した最適な試験デザインを提案する」「臨床課題が生じた際にデータの視点から課題解決に最善を尽くす」といった提供価値が導かれました。

このように言語化された提供価値を中心において、これを実現するためのCASMを作成します。すると、「最適な試験デザインを提案する」ためには「試験の目的を理解して最適なモデルを選ぶ」ことができなければいけない、そのためには統計処理に関する知識やデータ分析に関するスキルが必要になるというように、各課で必要なスキルが導き出されます。

これを課内のメンバー、例えば新入社員に学んでもらうためには、どのような育成プログラムをつくらなければいけないか、また最新の情報を常にキャッチアップしていくためには人事部門への依頼や予算措置など、誰にどのような支援を依頼するのかを明確にすることができます。

この考え方を身につけておくと、これから時代の変化が起こって自分たちに必要なスキルが変化したときにもスキルマップをつくり直せるようになります。さらにD社では一つのスキルに対して、レベル1から5までの評価一覧表をつくって、レベル2の人は、半年後にレベル3を目指そうといった目標設定をすることにしました。これを部下と上司の定期的面談に取り入れて、スキルアップを支援することでエンゲージメントの改善にもつなげていこうとしています。

この事例ではCASMを課長と課内の担当者に協働作業で作成してもらいました。まず時代分析で会社の方針がどのような環境のもとで定められたのかを理解してもらい、自分たちの仕事が世の中や顧客、社内の各部門とどのように関連しているのかを理解してもらいました。そして会社が必要としている提供価値を実現するためには自分たちにはどのようなスキルが必要で、それをどのように磨いていけばいいのか、スキルマップをつくって具体化しました。社員一人ひとりに必要なスキルを具体的に示すことが、エンゲージメントの向上につながると考えられた事例です。

［第6章］

組織能力開発を取り入れれば組織文化も変えることができる継続的に成長し続ける組織をつくっていくために

ポストコロナで必要になる経営資源の集中

新型コロナウイルス感染拡大は日本の社会に大きな変革をもたらしました。2023年5月、3年間に及ぶ行動制限が解除され、夜の飲食店に人の姿が戻り、観光地は外国からの観光客で溢れ、企業も売上を伸ばしています。日本には活気が戻ってきた、以前の生活が戻ってきた、と感じている人も多いと思います。しかし、社会はそれ以外の環境変化が確実に進んでいます。

この3年の間も日本の人口は減り続けており、感染対策としてレストランでの注文がタブレットになり、配膳ロボットが店内を走り回るようになりましたが、これは深刻な労働力不足によるものです。

生成AIやネット配信などのオンライン技術はより身近で一般的なものになりました。外出自粛で在宅勤務などフレキシブルな働き方を強制的に体験したことで、人々の意識も確実に変化しています。つまり、世の中も顧客のニーズも変わっているのです。

しかしこの変化はかつての高度経済成長期に認められたような、国民が皆テレビやマイカーを買い求めるといった一方的な消費動向とは異なります。コロナ明けだからといってオンライン会議や在宅勤務がなくなることはないと私は思いますが、オフィスに通う働き方を選択する人も確実に増えています。通信ネットワーク網の整備に伴って、地方の山村に移住する人も増えましたが、首都圏への人口流入は続いています。

外部環境に沿って企業は既存の戦略を見直し、新たな組織能力を獲得しなければいけません。しかし、その前提である顧客の動向を見極める判断基準はより複雑な状況になっているのも確かです。そのため各業界および企業に応じた、より綿密なシナリオ分析を繰り返す必要があります。

そうはいっても自社の経営資源は限られています。シナリオ分析も大切ですが限りある経営資源をどの活動に集中させるかという決断はさらに重要です。CASMの中央に戦略を配置して組織能力を高めるための活動を選択する、そして従来続けていた活動のなかで重要度の低いものは中止する決断をしなければなりません。

戦略に合わせて新たな人材を採用しようとしても、人手不足は深刻で現実的に外部からの獲得はますます難しくなっています。社内の従業員のリスキリングに経営資源を再配分するしか企業が伸びていく道はないと思われます。

それでも日本の企業はいまだに、まったく成長の見込みのない事業部を数多く抱えて人員を配置し、達成する見込みのない経営計画を毎回提出している状況です。人材は資源ですから成長する見込みのない部署からは人を動かして、より伸びる事業部で活躍できるようにリスキルすべきなのです。やらなくていいことが何で、新しく何をやる必要があるかを明確にすれば、リスキリングの方向性は明確に見えてきます。

今は政府も「人への投資」に重点をおいて予算を投じているため、リスキリングは企業のなかでちょっとしたブームになっています。語学学習からＤＸ、マーケティングなどさまざまな教材がそろったプラットフォームを社員に開放し、社員が好きなものを学べる環境を整えたり、能力開発に力を入れているとアピールしたりしている会社もよく見られます。

しかし、こうした施策が本当の意味でリスキリングになっているのか私には疑問です。

教育にも費用はかかるため、教育の資源は戦略的に重要なところに集中して投入すべきです。組織能力という概念をもたずに、ベクトルの向きのそろわないバラバラなリスキリングを施しても意味のある人材開発にはつながらないのです。

職務記述書の活用

「人材版伊藤レポート2・0」に書かれている提言を、具体的にどう進めるのかという施策の一つに職務記述書があります。欧米ではごく一般的な概念ですが、新卒一括採用でそのまま係長、課長、部長と職階がおおむねスライドし、定年で終了するという日本の組織文化のなかではなじみの薄いものです。職務記述書は担当する業務・職務内容を詳しく記述したもので、図表20は私たちが各企業に推奨しているフォーマットです。ここにはポジション名、職務の目的と概要、主たる役割と成果責任、求められる知識・スキル・経験、価値観・マインド・行動指針を記載するようになっています。

従来の日本の人事制度であるメンバーシップ型雇用からジョブ型雇用への転換の必要性

［図表20］ 職務記述書を記載するうえでのポイント

Ⅰ	ポジション名	
	レポート相手	
	部下の数	
	職務等級	
	作成日	

Ⅱ	職務の目的と概要	組織能力を高めることを通じてどのような成果を上げることに責任をもつのか

Ⅲ	主たる役割と成果責任（Roles & Responsibilities）	
	直接的あるいは間接的に達成すべき財務目標	
	組織ビジョン・方針・戦略の策定と浸透、実行に対する責任	
	顧客価値の最大化に対する責任	・一連の活動を通じて具体的にどのような成果を上げるのか ・成果をどのような指標で測定するのか
	業務プロセスの確立と改善、生産性の向上に対する責任	
	組織力の強化・向上に対する責任	
	（管理職以上は）自分の後継者の育成に対する責任	

Ⅳ	求められるコンピテンシー	活動の推進にあたりどのような行動が鍵となるか
Ⅴ	求められる知識・スキル・経験	活動、行動を起こすにはどのような知識、スキル、経験が必要か
Ⅵ	価値観・マインド・行動指針	確実に成果責任を果たすためにはどのような価値観、マインド、行動指針が必要か

は「人材版伊藤レポート２・０」にも記載されていますが、そのうえで職務記述書は必須だというのが私の考えです。しかし、日本の企業ではなじみの薄いものなので、研修で部長や課長に自分の職務記述書を書いてくださいと言っても書けない人がまだまだ多数を占めている状況です。

自分がどのような成果責任を果たさなければいけないのか明確に分かっておらず、売上目標など上から指示された数値をそのまま写すだけ、部長と課長の違いはその売上の数値が異なるだけ、というケースはよく目にします。

また、雇用制度をジョブ型雇用に変えたものの、職務記述書を今の管理職に書かせても書けないだろうということで、本人が今やっている仕事内容はまったく無視して、海外のコンサルティング会社がつくったテンプレートをそのまま適用して仕事をさせているメーカーも存在します。

この例はかなり過激なやり方だと思いますが、ＣＡＳＭをきちんとつくればキーポジションが明らかになり、必要な人材のポートフォリオが見えてくるので、職務記述書がイメージしやすくなります。職務記述書を書くと、必要なスキル、知識、そして組織のなかで自分が果たすべき役割が戦略に紐づいた形で明確になるのです。また、従来の担当者に必要な能力が不足している場合も、この内容を学び直してくださいと説明しやすくなる利点もあります。

「人材版伊藤レポート2・0」に示された図を実現していくうえでは、CASMや職務記述書が非常に役立ちます。組織と個人をつなごうとするときには、組織能力として何が必要なのかという議論がとても重要になってくるのです。

組織能力開発は組織文化の変革

デニソン組織文化診断から、日本の大企業12社には「顧客のニーズに対応する変革に対して後ろ向きの組織文化がある」ことが分かりました。さらに診断図から見て分かるように、「JAPAN株式会社」の平均値はいずれの項目も50点以下であり、持続的に発展していくための組織能力が低いのです。今後は人的資本を活用してアジャイル、つまり方針の変更やニーズの変化に機敏に対応し得る組織文化を育てていく必要があります。そのためには企業文化や組織文化と呼ばれるものについても理解しておく必要があると思います。

企業文化、組織文化はどのようなものなのか、キム・S・キャメロン（ミシガン大学ロス・スクール・オブ・ビジネスの組織論の教授）はこう述べています。

「もっとも狭いレベルの文化であり、ある組織をほかの組織と異なるものとする価値観、支配的なリーダーシップスタイル、組織を象徴するシンボル、仕事の進め方、成功についての定義といったものが反映される」（キム・S・キャメロン、ロバート・E・クイン『組織文化を変える』ファーストプレス）

つまり、その会社に特徴的なリーダーの言動、仕事の進め方、成功体験などによって、組織文化はつくられていくということです。そして組織文化は、一人ひとりの行動に影響を及ぼし、人々の行動を規制します。人を何かの枠にはめる作用があるのです。

組織文化が一人ひとりの行動に影響を及ぼす具体的なメカニズムを簡単に表した行動心理学などで使われる「人の行動モデル」と呼ばれる図があります。

［図表 21］　人の行動モデル

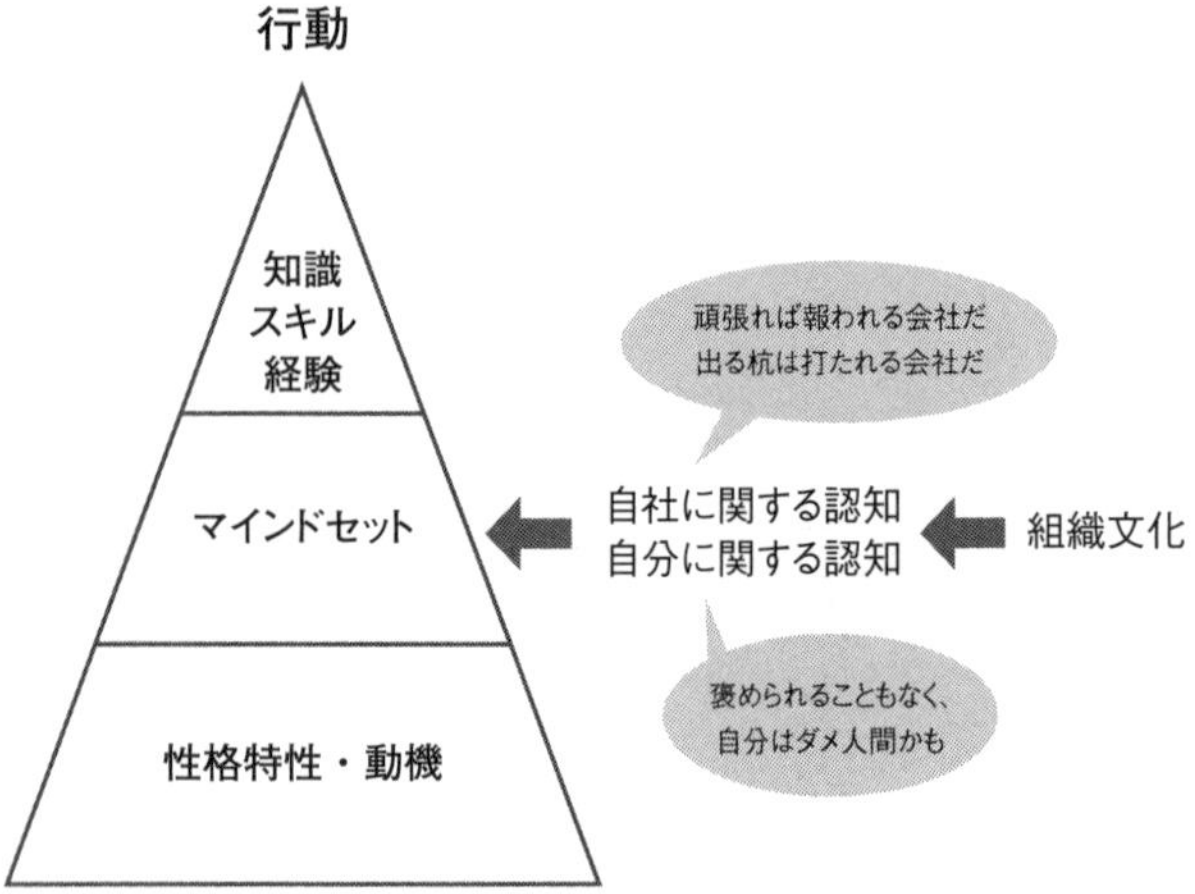

ビジネスパーソンが結果や成果を出すためには行動を起こす必要がありますが、この行動には「知識・スキル・経験」「マインドセット」「性格特性・動機」が影響を及ぼすといわれています。図に示す三層構造のうち、いちばん下の「性格特性・動機」は若年期に形成されてしまうので、変容することはかなり難しいといわれています。これに対して、いちばん上の「知識・スキル・経験」は、何歳になっても習熟可能であり、間にある「マインドセット」も

長続きするのは難しいですが、変容は可能なので企業で行われる研修の多くは上の2つの階層に焦点を当てて行われます。知識やスキルを与えて、より好ましい行動が取れるようにしたり、マインドセットを刺激することで、自発的に行動を起こせるように促したりする、人材開発とは行動開発でもあります。

このマインドセットに非常に影響を及ぼすのが「認知」です。「自分自身をどう思っているのか」は人の行動を大きく左右するためです。例えば「自分は何でもできる人間だ」と自己認知していると、堂々と行動することができますが、逆に「自分は何もできないダメな人間だ」と自己認知すると、いろいろなことに対して消極的になり、行動を起こしてほしい場面でも行動ができないので、結果や成果にもつながらないといったことが起きます。

そしてこの「認知」に影響を及ぼすものの一つが組織文化なのです。例えば、自分の会社を「とにかく目立ったことをすると周りから叩かれる」と認知していると、常に「やめておこう」と思ってしまいます。「自分がやれそうなことはいろいろあるが、へたなことをやって目立ってしまうことで上司から叩かれるのは嫌だ」と思い、行動を起こさなくなるのです。当然これでは結果や成果は生まれません。

そのため顧客のニーズに対応する変革に対して後ろ向きの組織文化がある企業では、経営層や選ばれたリーダーだけが組織文化を変えようと頑張っても、改革の動きは長続きしないのです。

新型コロナ感染拡大下で起こった「マスク警察」に見られるように、同調圧力が強いのは日本社会の文化といえます。「顧客ニーズへの対応などやっていなかったし、新たな提案をして目立つと叩かれるから、何もせずにじっとしていたほうがよい」という空気が蔓延している会社では、一部の人間が組織能力開発に取り組もうとしても減速してしまう可能性は高いのです。

組織文化は変化を妨げる方向に働く

さらに、組織文化はどちらかというと変化を妨げる方向に働く傾向があります。経営学者のP・F・ドラッカーは「社会やコミュニティや家族は、いずれも基本的には『維持機関』である。それらは安定を求め、変化を阻止し、あるいは少なくとも減速しようとする」（P・F・ドラッカー『ドラッカー365の金言』ダイヤモンド社）と述べています。

また、未来学者のアルビン・トフラーは「二十一世紀には無学という言葉の定義が変わる。無学な人とは読み書きができない人のことではなく、学ぶことに前向きになれない人、古い間違った考えを正そうとしない人、一から勉強し直そうという気持ちを持てない人のことを言う」（アルビン・トフラー『未来の衝撃』中央公論社）という言葉を残しています。

これだけ変化が激しい現代において、新しいことを学び続けるのはよほど意識をしないと難しいことです。人間はなかなか変われないものだからこそ、組織を変えるためにはその構成単位である人材の行動を変えるところから始めなければいけないのです。

変革に前向きな組織文化を手に入れるために

組織文化は経営そのものといわざるを得ません。アメリカの有名な経営者の一人、ルイス・ガースナーは元マッキンゼーのパートナーでした。その後はＩＢＭの経営を任されるようになった彼が興味深い発言をしています。

「ＩＢＭでの経験のなかで、企業文化は経営の一つの側面などではなく、経営そのものであることに気づきました。結局のところ、組織とは、人々が協業して価値を創造するための器でしかありません。ビジョンや戦略、マーケティングや財務管理など、組織運営のための要素が整っていれば、しばらくの間、組織はあなたたちを正しい方向へと運ぶことができます」（ルイス・ガースナー『巨象も踊る』 日経ＢＰマーケティング〈日本経済新聞出版〉）

この言葉から一連の正しい知識があり、そのとおりにやれば、ある程度は正しい方向に組織は進んでいくことが分かります。しかし、彼は、こう続けます。

「企業であれ、政府であれ、学校や病院であれ、それらの要素がＤＮＡの一部となっていなければ、長期的な成功を手に入れることはできないのです」

つまり、組織文化としてごく当たり前にメンバー全員が考える、行動するというような

［図表 22］ 事業戦略と人材戦略さらには組織文化のアラインメント

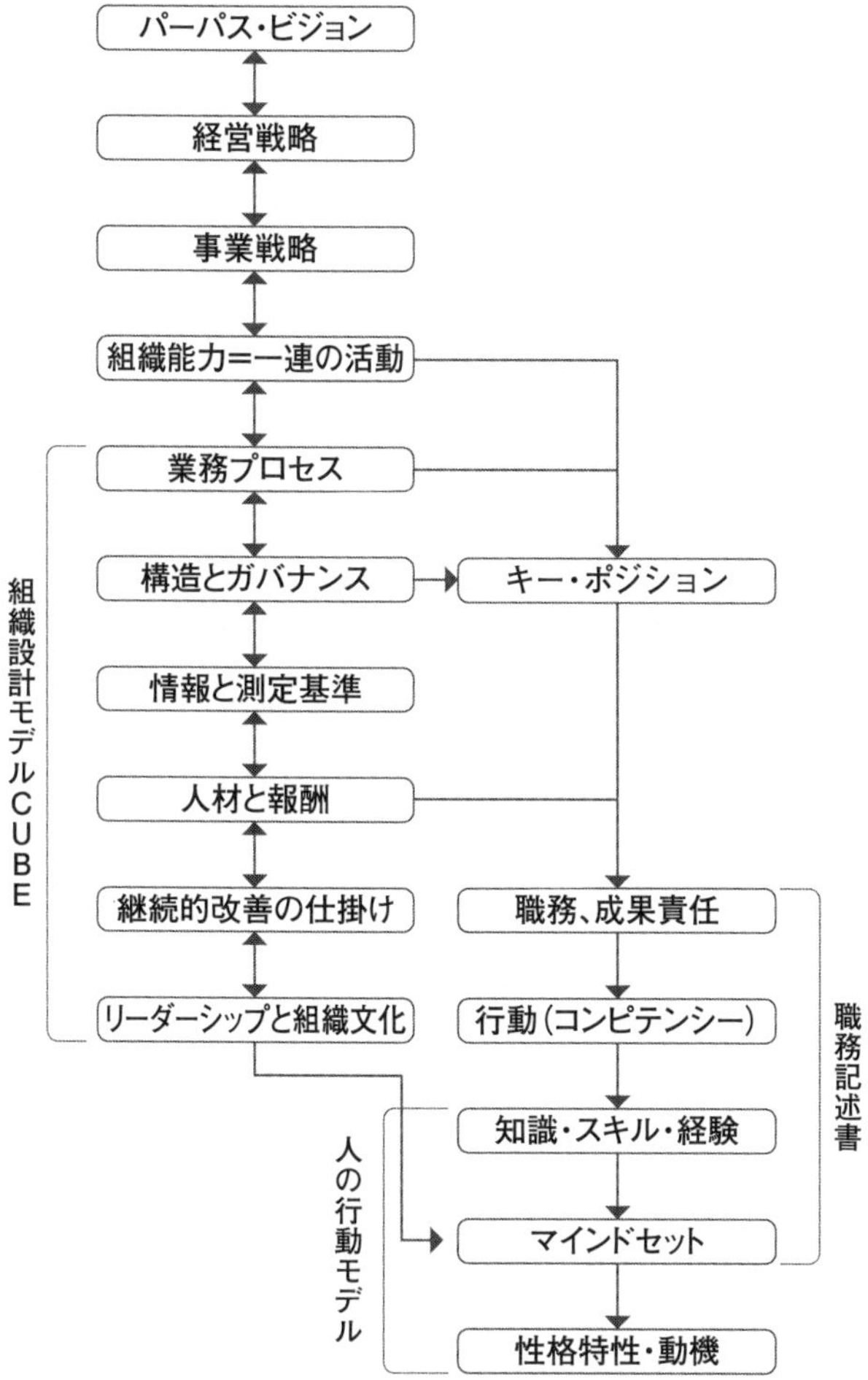

ところまで至っていなければ、長期的に成功はできないということです。

日本でこれに該当する会社といえばトヨタが当てはまります。トヨタは問題を見つけたらすぐに解決して改善する、「問題解決」が社員全員のDNAとして組み込まれています。社員全員が日々、問題はないかと探していて、問題があると思えばすぐにそれを解決して改善していきます。これが組織文化、あるいは社員一人ひとりのDNAとして組み込まれたことで、長期的に利益成長を続ける状態をつくり出しました。

これからの環境変化が激しい時代においては、変化に対して前向きな組織文化をつくっていくことが極めて重要ですが、特に日本の企業が変革に前向きな組織文化を手に入れるのは現状、かなり困難であると私は考えています。

組織文化の変革は決して経営層や一部のリーダーたちの努力だけで成し得ることではありません。時間はかかりますが組織を形成する社員一人ひとりの「認知」「マインドセット」を変革に前向きに書き換えていく必要があるのです。そのためにはCASMを利用して戦略と紐づいた形で変革に必要な活動を導き出し、一人ひとりに具体的な行動のイメージをもたせることが重要です。

ＣＡＳＭは経営者層、人事部門、事業部リーダー、ＨＲＢＰ、そして各事業部の担当者、それぞれの階層、役割で組織の実情に合わせて利用できます。日本の企業が、「組織能力開発」の理念――組織と一人ひとりの力のアラインメント――を理解し、ＣＡＳＭを利用して個人の能力を、そして組織を変革し続けていくことを願っています。

おわりに

主要先進国がある程度の経済成長を遂げているなか、日本経済は長く停滞を続けています。ＯＥＣＤ諸国のなかでも労働生産性は低く、研究開発投資、企業の教育投資なども欧米諸国に比べて非常に低い状態です。国民一人が生み出す付加価値が低いのですから、賃金は伸びるはずもありません。賃金水準は主要先進国のなかで低迷し続けています。

日本がこのような状況に陥ってしまった原因は、一言でいってしまえば、日本あるいは日本人が環境の変化についていけていないからだと私は考えています。

戦後の高度経済成長とそれに続く１９９０年頃までのバブル経済を支えたのは、安くて品質の良い製品を大量生産するという日本型経営でした。そこではマニュアルに沿って同じことをミスなく繰り返してできる人材が重宝されてきました。しかし、ソフトウェアやデータを活用した産業へのシフトに伴い、個人や組織の動き方の違いによって、製品・サービスの売れ行きが大きく変わる時代になっています。さらに、ＩＴ革命やクラウド化により、多大なシステム開発投資は不要になりつつあり、工場はファブレス化し、単純労働力はロボットやＡＩに置き換わりつつあります。

日本企業にも、そこで働く人々にも、環境の変化に合わせた「変革」が求められているのです。

しかし日本の企業には、変革に対して後ろ向きの組織文化があります。そして数多くの企業研修に携わるなかで私たちは、組織文化の変革は、運営スタッフや一部のリーダーの力だけでは成し得ないという事実に直面してきました。

企業を変革していくためには、変革しようとする方向に組織の構成員一人ひとりの活動のベクトルをそろえる必要があります。新たなビジョンに向かって、戦略と一人ひとりの行動と、組織の仕組みがアラインメントされた状態をつくり上げること、すなわち「組織能力開発」が必要なのです。

そして新たに必要となった「組織能力」と組織能力を獲得するための「活動」を可視化・

言語化する――この手法が「活動システムマップ」（ＣＡＳＭ）です。本書では、組織のさまざまな階層でＣＡＳＭを活用して、戦略が行動につながった事例を紹介しました。

経営者やリーダーが立派なビジョンや戦略をつくっても、それだけでは変革は成し得ません。ＣＡＳＭを作成することで、新たな組織能力を獲得するためにおのおのが具体的に何をすればいいのかが明確になります。それによって一人ひとりの行動が変わるのです。

日々の活動が変わらなければ出せる結果は変わりません。パーパス、ビジョン、そして新たな戦略が求める新たな活動を始めることで、これまでとは違う成果を生み出すことができます。この戦略から活動に至る一連の動きの効果を測定し、見直し、適正化して組織に組み込んでいく――これらの活動の積み重ねによって、新たな組織文化が形づくられていくのです。

これからの日本経済を牽引する企業の経営者や事業リーダーには、変革の志を絵に描いた餅で終わらせるのではなく、組織能力開発を通じて、新たな時代に対応可能なアジャイルな組織文化をつくり上げていただくことを願っています。それが長く続いた日本経済の低迷に活路を切り拓くことになると、私たちは確信しています。

株式会社インヴィニオ　代表取締役　土井　哲

土井 哲（どい さとし）

株式会社インヴィニオ代表取締役、組織能力開発ストラテジスト。東京大学経済学部卒業後、東京銀行（現三菱ＵＦＪ銀行）に入行。在職中にＭＩＴ（マサチューセッツ工科大学）スローン経営大学院修了。１９９２年マッキンゼー・アンド・カンパニー入社。主に通信業界、ソフトウェア業界のコンサルティング、情報システム構築のコンサルティングに従事。同社を退社後、１９９５年ベンチャー企業支援のコンサルティング会社の設立に参加。１９９７年、インテリジェンスビジネスプロフェッショナルスクール運営会社、株式会社プロアクティア（現インヴィニオ）設立に伴い、代表取締役に就任。数多くの日系・外資系企業にて変革リーダーや経営幹部の輩出、組織風土変革や事業創造などのプロジェクトを手掛けている。
株式会社インヴィニオ：戦略コンサルティングと人材育成・組織変革の技法を融合させた独自の手法で企業の変革と成長を支援する独立系プロフェッショナルファーム。

本書についての
ご意見・ご感想はコチラ

成果を出す企業に変わる
組織能力開発

二〇二三年一一月一七日　第一刷発行

著　者　土井 哲
発行人　久保田貴幸
発行元　株式会社 幻冬舎メディアコンサルティング
〒一五一-〇〇五一　東京都渋谷区千駄ヶ谷四-九-七
電話　〇三-五四一一-六四四〇（編集）
発売元　株式会社 幻冬舎
〒一五一-〇〇五一　東京都渋谷区千駄ヶ谷四-九-七
電話　〇三-五四一一-六二二二（営業）
印刷・製本　中央精版印刷株式会社
装　丁　弓田和則

検印廃止

Printed in Japan　ISBN 978-4-344-94739-9 C0034
幻冬舎メディアコンサルティングＨＰ　https://www.gentosha-mc.com/